はじめに――今こそ原敬を語る意味

原敬《たかし》は、「平民宰相」として知られる大正デモクラシー期の総理大臣です。多くの歴史家が、原内閣を「最初の本格的政党内閣」と評価します。とにかく、強い政治家でした。どれくらい強かったか。並みいる明治の元勲たちが、原の前になぎ倒されていきました。伊藤博文や西園寺公望は踏み台にされ、山本権兵衛は傀儡《かいらい》でした。山県有朋や桂太郎は跪《ひざまず》かされ、寺内正毅や大隈重信は叩きのめされました。加藤高明や犬養毅は、常に後塵を拝せざるを得ませんでした。

間違いなく、戦前憲政史における最強の政治家です。最後は凶刃に斃《たお》れましたが、原内閣は合法的手段では倒せない、絶対無敵の存在と化していました。

では、なぜ今、原敬を取り上げるのか。

それは、原が現代の日本の政治を決めたからです。今の日本の政治、特に「何回選挙をやっても必ず自民党が勝つ」という体制は、元をたどれば原敬に行きつくのです。

自民党は一党優位で、一九五五年の結党以来、三十八年間も政権を独占。二度ほど野党

に転落しましたが、その合計期間はわずか四年。結党以来六十年も与党にいる、およそ民主国家ではありえないような絶対的な第一党です。ここまでは誰でも知っている日本の常識です。

では、自民党が立憲政友会の後継政党であり、原が率いた政友会も、常に与党でいる存在だったと、どれほどの人たちが知っているでしょうか。

硬直と腐敗が度を超えている自民党政治に対する不満は、怒りを超えて諦念に変わっています。自民党でも真面目な人こそが、今の自民党政治を改革せねばと思っています。しかし、自民党政治の根源は自民党にあるのではありません。長所も短所も、政友会にあります。だから、実質的に政友会を作った、原敬を取り上げようと考えたのです。

さて、原敬と言えば、枕詞のように共起するキーワードが「平民宰相」です。たしかに原敬は爵位を持っていなかったので法的には「平民」かもしれません。しかし、原家は家老を出すような上級武士の家柄です。いわゆる庶民の出ではありません。それに、爵位にしても、もらおうと思えばもらえる機会はいくらでもあったのに、原が受け取らなかったのです。理由は、本文でお話しします。

現代の話をすると、海部俊樹首相を最後に、ほとんどの首相は世襲政治家です。世襲でない人は、村山富市、菅《かん》直人、野田佳彦で、全員が自民党ではありません。自民党総裁は

全員世襲です。もっとも、森喜朗の父は国会議員ではありませんが、選挙区内の村長なので世襲に数えました。

現在の菅義偉《すがよしひで》首相は、久しぶりの非世襲の首相です。なお、菅首相の父は町会議員をしていましたが、選挙区とは関係ないので世襲には数えませんでした。菅首相は「たたき上げ」「秋田出身」を売りにしています。そうなると、どうしても同じ東北で岩手出身の平民宰相だった原敬を思い出してしまいます。

原に関しては、多くの研究があります。その最大の理由は、膨大な日記を残しているからです。青年期から暗殺される直前まで、総理大臣まで務めた人が克明に日々の記録を残しています。『原敬日記』が刊行されたのは第二次大戦後まもなくの昭和二五～二六（一九五〇～五一）年です。ちょうど戦後復興が始まった頃のことで、日記は各界の人びとにむさぼり読まれました。近代日本の政治や政治家を知るには欠かせない史料であり、プロの政治家も、この『原敬日記』から、数々の政治的ヒントが得られることは間違いありません。

研究材料が豊富にあるのだから、研究書や評伝の類も多いのです。主な研究者を生年順に挙げますと、大久保利謙、服部之総、岡義武、石上良平、宮崎吉政、山本四郎、升味準之輔、金原左門、ナジタ・テツオ、三谷太一郎、坂野潤治、川田稔、宮崎隆次、伊藤之雄といったところです。彼らは日本近代史研究の代表者です。つまり、原敬の研究自体が近

代史研究の歴史と言っても過言ではありません。

その中でも、原敬研究の通説を築いたのは三谷太一郎で、その『日本政党政治の形成——原敬の政治指導の展開』（東京大学出版会、一九六七年）は名著です。

ちなみに、没後五十年を記念して出版された顕彰本によると「今も原さんの評価は余りよくない。殊にその生存中は、ひどく悪かった。遂に十八歳の青年に殺されるまで悪かった。殺された後まで、新聞の中には酷評するものがあった程である。原という人が、実利主義者で、政治家としては常に党利を中心に冷徹一点張り、敵に対してはいやしくも一分の容赦もしない厳しさ、それがマスコミから口コミを通じ、いわゆる衆口金《きん》を鑠《と》かしたことが悪評を定着させたもののようである」（『写真集　原敬　歿後五十年　その生涯』原敬遺徳顕彰会、毎日新聞社、一九七〇年）と、こき下ろされています。

そうした原が、いつしか大宰相として評価されていきます。今では、「最初の本格的政党内閣を築いた総理大臣」とされています。何が「本格的」なのか、そうした評価は正しいのか。「平民宰相」の真実を読者自身の手で確かめていただければと思います。

なお、文中、日付で始まる引用文は断りがない限り『原敬日記』です。当日記をはじめ古い引用文は、読みやすさを考慮して現代文・現代表記にしています。

史上最強の平民宰相　原敬という怪物の正体――目次

第一章　青年期――寡黙な怪物の誕生と雌伏

第二章　怪物政治家の誕生――大臣、議員、政友会幹部へ

第三章　日露戦争と桂園時代――怪物、遂に政権を奪取

第四章　怪物の死闘

第五章　怪物の「是々非々」の政治とは？

第六章　怪物、最強の宰相に

終章　原と政友会が残したもの

装幀――赤谷直宣

第一章　青年期——寡黙な怪物の誕生と雌伏

南部藩の家老の家柄に生まれる

原敬は安政三年二月九日（一八五六年三月十五日）に南部藩（盛岡藩）で生まれました。幼名は健次郎。ただし本書では、混乱を避けるため統一して「敬」とします。

「平民宰相・原敬」の生家である原家は上級武士に属し、祖父の原直記が盛岡藩の家老を務めるほどの家柄です。この祖父は敬が五歳のときに亡くなります。父の直治も家老職に列せられるはずでしたが、藩公から「御召状」をいただいたのは死去の三日前でした。臨終に近いので辞退します。敬は十歳で父も失います。

母は七人の子どもたちを厳しく育てました。母リツの「女の手で育ったから、碌《ろく》でもない者になったなどと世間から笑われるようなことがあってはご先祖様に申し訳がない」との愛の鞭が、敬の克己心と自尊心を育てました。

原は後年、内閣総理大臣になったとき、「こんにちわたしが大命を拝するようになったのも、つねに母の言葉を胸にひめていたおかげなのだ」と養子の貢（奎一郎）に語っています。この母は九十二歳で大往生しますが、米寿を祝った際に、原は八日間にわたる宴を催しました。貢は「普段は質素な父があのような盛大な賀宴を張るとは、想像に苦しむ」と「無類の親孝行」ぶりを讃えています（原奎一郎『ふだん着の原敬』中公文庫、二〇一

一年。初版は一九七一年、六十二〜六十四頁）。

南部藩は戊辰戦争の負け組で、明治元（一八六八）年、藩公は白石に転封を命ぜられます。のちに盛岡復帰を許されますが、十万両の献金を命ぜられ、藩の財政窮乏のため調達に原家も窮乏（前掲『写真集　原敬』）。原敬は明治元年時点で十三歳ですから、戦に関連して何をしたということはありませんが、敗者の悲哀を味わいます。

明治時代、東北およびその出身者は、薩長から「白河以北一山百文」と嘲《あざけ》られました。のちに原は「一山」または「逸山」と号しますが、この屈辱からです。

ひどい話ではあるのですが、日本だからこの程度で済んでいるとも言えます。

明治三年、原敬十五歳のとき、藩校「作人館」が再興されたので、寄宿舎に入ります。作人館の学生は一般に腕力をほこる風がありました。しかし、原敬は体が大きかったけれど、腕力を用いるということはなく、よく規律を守りました。討論会で時たま発言することがあっても、ただ一回だけ強く意見をのべるだけで、これにたいする異論が出てもけっして反駁はしませんでした。

ちなみに、後年、「五分間以上議論をつづけるやつはバカだ」と言っていたそうです（前田蓮山『原敬』時事通信社、一九五八年、二十一頁）。

四の五の言うことを嫌うところは、いかにも東北人らしい。そのくせ第一次山本内閣で

原が内務大臣のとき、衆議院で加瀬禧逸という陣笠代議士の質問にムキになって答えています。ジーメンス事件に際しての騒動を抑えるために軍隊・警官が出動したことに関して、原が貴族院で、「警官は抜刀せず鞘のままで振り回した」と答弁し、これを受けてのやりとりです。

加瀬「内相は鞘のままなら人民を打ってもよいと言った」
原「どこで言った」
加瀬「確かに言った」
原「いつ言った、速記録でもあるか」
加瀬「新聞で見た」
原「新聞では、責任はもてぬ」
加瀬「警視庁の役人が」
原「質問が違う」
加瀬「内相自身が衆議院で」
原「何日か」

質問したほうがシドロモドロで沈黙。名もない代議士をあれほどまでいためつけなくて

もよいだろうと評されました（山本四郎『原敬　政党政治のあけぼの』清水書院、二〇一七年、一四七頁）。

同様に、大正九（一九二〇）年、衆議院で政友会絶対多数の中、普通選挙案が葬り去られ、憲政会の新人議員・永井柳太郎が「西にレーニン、東に原敬」と、原を批判する演説をぶったときには、「議論なら討論するが、攻撃演説に答弁の要はない」と無視しています。（山本『原敬』二〇七頁）。

憲政史上最強の政治家・原敬

「原が議論好きだった」とする記述も諸文献に現れるのですが、原の議論とはこのようなものです。能弁によって人を説得するという形ではなく、寸鉄人を刺すように相手を叩きのめすだけです。

しばしば、「国際会議の議長が常に悩むことが二つある。一つはインド人をいかに黙らせるか。もう一つは日本人をいかにしゃべらせるかである」と言われます。外国人が見ている日本人が、ちょうど西日本の人から見た東北人のイメージでしょうか。

神学校に進学し、カトリックに入信する

原は十六歳で進学のため上京し、元南部藩主利恭《としゆき》が南部の青年の教育のために設立した共慣義塾に入ります。母は二十余室もあった住宅を、母屋だけ残して売りはらい、敬の上京費用を作りました。しかし、このようにして捻出された費用も、原は半年ほどで使い果たしてしまいました。しかも、頼みの母親も土蔵破りに入られ、財産を根こそぎ失っていました。零落したとはいえ、原家にはまだまだ金目の物がたくさん残っていたのに、それも盗まれてしまったのです。

このとき地獄に仏、叔母が援助を申し出てくれました。しかし、原は、同年輩のいとこに頭が上がらなくなるのが嫌だとして、せっかくの援助を断ります。

原は友人に「自分は餓死するまでも人から金銭の援助は受けたくない。しかし働いて報酬を受けることは当然であるから、どんないやしい仕事でも恥とは思わぬ。働いて自活しながら学問をする方法があるだろうと思うから、それを考えようではないか」と語っています（前田『原敬』二十五〜二十七頁）。

働いてお金をもらうのなら、職業に貴賤はない。肉体労働でも何でも厭わない。上級武家の子息としてはかなり進歩的です。

そんな原が選んだのは、フランス人校長マリンの神学校です。食費その他いっさいの費用は教会から与えられました。洗礼を受け、ダビデの名をもらいます。

原の神学校入学は明治五（一八七二）年ですが、日本政府がキリスト教にたいする禁令を公式に解いたのは明治六年なので、原はこのことを立身出世した後も、あえて語らずじまい。そのため、生前には原の信仰について知る者はほとんどありませんでした（前田『原敬』二十八～二十九頁）。

原がキリスト教の信仰について話す相手は、少数の旧友のみ。原敬の番記者のような前田蓮山ですら生前は知らなかったとか。原の死後、応接室に聖母マリアの画像がかけられていたことを聞いた吉野作造がその由来を調べて中央公論に書いたのでわかったと書いています（前田『原敬』三十一頁）。

明治七（一八七四）年四月、原はフランス人宣教師エブラルの学僕となり新潟に赴き、フランス語を学びます。エブラルが校長マリンに学僕を世話してくれるように頼んだので、マリンが生徒に希望者を募ったところ、他の青年が紅毛人の奴隷は御免だとしたのに対して、原はフランス語が学べるのならと承諾したのでした。七月には弟も学僕に推挙し、二人でエブラルに仕えています。エブラルは博学多識で、原はフランス語を教わったのみならず、彼から欧米の政治や世界の歴史、様々な新知識を学びました。

キリスト教を学んでも一般的な出世コースにはまったく関係ありません。お金がないか

ら方便として神学校に入ったのか、その辺のことはよくわかりませんが、やると決めたからにはまじめにやるタイプの人だったようです。

司法省法学校へ入るも賄征伐騒動で退学に

明治八（一八七五）年六月三十日、原は分家独立し、士族より平民となりました。長男である兄は士族を継ぎますが、次男以下が分家した場合、平民になります。名門の子である敬は「ぜひ養子に」と引く手あまた。士族の養子になれば士族ですが、断ります。マリンの神学校に入学してから足かけ五年、明治九（一八七六）年に外務省が募集していた交際官養成所、続いて海軍兵学校を受験しますが、失敗します。のちに原はこの経験を貢に語っていわく「交際官のときは緊張しすぎて失敗したが、兵学校には充分自信があり、軽視して失敗した」（前田蓮山『原敬伝』上巻、高山書院、一九四三年、一六八頁）。同年七月の司法省法学校には受験者百名中二番で合格しているので、あながち負け惜しみでもなさそうです。

また、前田蓮山は、当時はまだ薩長から危険視されていた東北人は、とび抜けて優秀な成績でもない限り兵学校に入れてもらえなかっただろうとコメントしています（前田『原敬』四十二頁）。

司法省法学校に入ったはいいけれど、ここでも順調には行きませんでした。

明治時代の学生にはバンカラな気風がありました。硬派な不良とでもいうべき、反骨精神旺盛な粗野な若者が多かったのです。そして、学校の寄宿舎には賄《まかない》征伐が流行っていました。食事の質が悪いと文句をつけるのです。司法省法学校の食事はもともと贅沢なほうだったのですが、だんだん質も量も落ちてきました。賄の責任者が校長と同郷（薩摩）であったため、生徒たちは不正を疑い、賄い人に改善を要求する過程で学校側と悶着を起こします。

原敬は賄征伐そのものには加わっていなかったのですが、騒ぎを起こした生徒の処分を巡って抗議します。ここで中心となって抗議の声を挙げたのは、原や津軽藩出身の陸羯南《くがかつなん》など東北人でした。陸は後に対外硬《たいがいこう》のジャーナリストとなります。

原は陸らとともに明治十二（一八七九）年三月、退学を命じられてしまいます。しかし、退学させられても、原は退学仲間の陸ほか二名と安下宿に入り気勢を上げます。「まず新聞記者になって民権を鼓吹し、次に国会議員となり、それから藩閥を打倒して内閣宰相になるんだ」と進路を決めたのでした（前田『原敬伝』上、一九一頁）。

郵便報知新聞に入社し、ジャーナリズムの世界へ

原は四月には郵便報知新聞に採用されます。

原が入社した郵便報知新聞ですが、明治五年に駅逓頭《えきていのかみ》（のちの逓信大臣に相当）前島密《ひそか》の後援で創立されました。本紙は半紙二つ折りの六枚綴りの木版刷りで、当初毎月五回発行です。翌年六月から日刊紙になりました。当時は『東京日日新聞』『日新眞事誌』とともに三大新聞といわれました。明治七年一月、板垣退助らが民撰議院設立建白書を提出すると、いちはやくこれを報道し、報知新聞は民権拡張の急先鋒となりました（『現下の非常時と報知新聞：帝都新聞界の大勢』新ジャーナリズム社、一九三六年、二十二〜二十五頁）。

こう紹介すると、立派な新聞のようですが、当時は新聞自体が高く評価されておらず、今の感覚では『アサヒ芸能』に就職したというところでしょうか。

報知新聞社での原の仕事は、フランス語の翻訳でした。仕事が楽だったので、さらにフランス語に磨きをかけるべく、フランス人について学んでいます。その成果あってか、アナトール・ラングロア著『露西亜国勢論』（一八七七年）を翻訳出版したりしています。

働きながら勉強し、ようやく二年目の明治十三（一八八〇）年八月、報知新聞紙上に署

名入りで論説「官民相対するの道を論ず」を発表します。

原は仕事ばかりしていたわけではなく、遊んでもいます。当時、さかんに売春宿を利用し、吉原遊廓の「西の宮」という引手茶屋に借りがたまっていました。茶屋の女中おシゲがしばしば催促にきましたが、彼女はひそかに原に心を寄せていたので、原の顔を見に来るのが目的です。ろくに催促はせずに帰っていきました。

しかし、原のほうが思いを寄せる女は別にいたようです。三好屋の芸妓、芳松（おヨシ）と恋仲になり、当時の原がおヨシに送った手紙が、暗殺されたときに発表され、白頭宰相の初恋物語として言いはやされたりしています。

ところが、またもや原の行く手が阻まれます。明治十四年の政変で失脚した大隈重信が報知社を買収したのです。明治十四年の政変とは、急進的な大隈が「二年後に国会を開設しよう」などと大それたことを言い出し、現実路線の伊藤博文らと対立、政府から追い出された事件です。詳しい経緯は小著『世界一わかりやすい日本憲政史　明治自由民権激闘編』（徳間書店、二〇一九年）を読んでいただくとして、大隈は、創立予定の改進党の報道機関にするために報知社を買収したのでした。大隈同様に政府から厄介払いされた矢野文雄（龍溪）、犬養毅、尾崎行雄も共に報知社に乗り込んできます。

外からズカズカとやってきた彼らが原の上役になり、原は思うように論文が書けなくな

りました。パワハラにあった原はさっさと新聞社をやめてしまいます。明治十五（一八八二）年一月二十五日の日記には「自分の意見は今の報知新聞の考え方に合わない。社にいても、彼らに与《くみ》しないために思い通りにできないので、このところずっと退社したいと思っていた」と書いています。

しかし原は、すぐに別の新聞社に就職口を見つけます。今度は大東日報社です。『大東日報』は立憲帝政党の機関新聞で、この年四月に創刊されることになっていました。

三月二日に立憲帝政党結成の相談が行われていた井上馨邸を訪れ、六日には帝政党党首に予定されていた福地源一郎邸での協議に加わり、十日には井上邸で井上・福地らのほか、山県有朋・西郷従道《つぐみち》・松方正義ら閣僚と会合しました（『原敬日記』）。そして、十四日に「大阪で発行する大東日報社の招聘に応じ」大阪へ赴いています。原は編集長というか主筆のような立場になりました。

立憲帝政党は、自由民権運動などの反政府活動に対抗するため、福地源一郎（東京日日新聞社長）らが中心となって、この年三月に結党された政府党です。つまり、原は「民権拡張の急先鋒」だった『郵便報知新聞』から、一転して藩閥政府側の機関紙へと移ったわけです。

前田によれば、「（帝政党の）綱領には原敬が報知紙上で強調した自由民権という語は明

記されていなかったけれども、それは急進か漸進か程度の差にすぎなかったので、かれも納得した」（前田『原敬』六十七頁）です。確かに原は漸進派ではあったのでしょう。それで、地に足のつかない理想論を振りかざしてやたらと政府攻撃をするだけの大隈らに馴染めなかったのはわかります。しかし、だからといって帝政党機関紙に就職というのは、節操がないというか、現実主義というか、敵の敵は味方というか。

もっとも、この大東日報社にも長居はせず、十月に退社しています。社内が安定していなかったようで、十月二十一日の日記には「社中紛議あり」とあります。

明治の外務省は不人気職場

今度もすぐに転職先を見つけ、翌月には井上馨の引きで外務省御用掛に採用されました。外交官というと、カッコよく聞こえるかも知れません。前世紀末、数々のスキャンダルや暴露本情報によって地に落ちたとはいえ、現代では、いちおう一般的にステータスが高い職業とされています。しかし、明治初期の外交官は西洋人に頭を下げる仕事ですから、あまり人気がありませんでした。外務省の予算は少なく、駐外公使は自費で補充しなければ務まらない。しかも外国語や外国式のマナーの素養が必要です。

藩閥人で外国語ができるような知識人・教養人は、こんな割に合わない外交官ではなく、

もっと別の仕事をします。そのため駐外公使は暇で物好きな金持ちや大名がなるものでした。

前田蓮山（『原敬伝』上、二八〇～二八一頁）は、

「佐賀藩主鍋島直大、広島藩主浅野長勲、徳島藩主蜂須賀茂韶、水戸藩主徳川篤敬、大垣藩主戸田氏共、岸和田藩主岡部長職、館林藩主秋元興朝、熊本藩分家長岡護美などは、費用持参の公使。榎本武揚、西郷従道、山田顕義などは、見物かたがた人事配置の都合で駐外公使になった人々。林権助、赤羽四郎、日下義雄は、会津戦争の際に、迷子になっていたのを、官軍に拾われ、林は薩摩で、日下は長州で、赤羽は京都で、すなわち薩・長・公卿が彼らを育てた。藩閥人は、外国語なんか小面倒だ、毛唐のマネなんかできるかと言って、内務省か農商務省に入り、人民を叱り飛ばしつつ出世したのに、三人の拾い子は無理に外国語を仕込まれ、個人の希望とは関係なく外務省に入れられた」

と述べています。

そんな外務省には逆賊の東北人でも入りやすかったのです。ちなみに陸奥宗光は紀州、小村寿太郎は宮崎の出身です。長州の青木周蔵のような例外も中にはいますが、加藤高明は尾張、石井菊次郎や林董《ただす》は千葉と、たしかに賊軍側が目立ちます。

ところで初期外務省の長を務めたのは井上馨でした。明治十二年から外務卿、第一次伊藤内閣では外務大臣として入閣し、明治二十年までの八年間、外交を担当しました。藩閥

有力者の誰もが担当したがらない時代の外交を一手に引き受けたのです。条約改正ほか成果をあげて歴史に名を残した外交官は陸奥宗光や小村寿太郎かもしれませんが、それ以前に井上馨の地ならしや種まきがあってこその果実なのです。

不人気な外務省なら原にも出世のチャンスがあるかと思ったら、最初はつまらない仕事ばかりさせられてガッカリします。しかし、明治十六（一八八三）年十一月に清国天津領事を命ぜられ七等官相当となります。フランスがベトナムを保護国化して南清をも狙っていました。そのためフランス語のできる原が選ばれたのです。給料も月給八〇円から年俸二八〇〇円に跳ね上がりました（山本『原敬』三十二頁）。フランス語の素養がここで生きます。天津は清国の実権を握っていた李鴻章《りこうしょう》の根拠地で、いわば外交の中心でした。駐清公使の榎本武揚は北京におり、李鴻章に面会するのは天津領事の原でした。

天津赴任と貞子との不幸な結婚

このとき原のプライベートな生活にも転機がおとずれました。天津へ赴任する直前に結婚します。お相手は中井弘の長女貞子です。

中井は原が郵便報知新聞に就職するときに口利きの労を取ってくれた人です。薩摩出身ですが、土佐の坂本龍馬や後藤象二郎の助力によってイギリスに行き、帰国後、土佐藩主

山内容堂が徳川慶喜に政権返上をすすめた大政奉還建白書の作成にも関わっています（横山詠太郎『中井桜洲』革新時報社出版部、一九二六年）。人脈も藩閥にこだわることなく広がっています。また「鹿鳴館」の名付け親でもあります（屋敷茂雄『中井桜洲　明治の元勲に最も頼られた名参謀』幻冬舎ルネッサンス、二〇一〇年、六頁）。

それにしても、このとき原は二十八歳、貞子は十五歳ですから歳が一回り以上も離れています。貞子は継母の元で育てられました。この場合、ありがちなのが、いじめられて育つパターンと、逆に甘やかされるケースです。貞子の場合は後者で、わがままでヒステリックな少女との結婚は原にとって不幸でした。もっとも、貞子の身になって考えれば、女学校に通っていたのに急に三十前のおじさんに嫁がされた上、電話もメールもない時代に親兄弟も友達も誰もいない天津へ行かされて気の毒ではありますが。

実際に原が天津に到着するのは、明治十七（一八八四）年一月です。

この年の八月には清仏戦争、十二月には甲申事変が起こります。甲申事変は、清仏戦争で清が敗れたのを好機として、朝鮮でクーデタが起こり、金玉均らの独立党が事大党を追放しましたが、清の干渉を受け、失敗した金玉均らが日本に亡命した事件です。

現行の教科書・用語集的にまとめると以上のような説明になるのですが、この事件は同時代の日本人にとっては朝鮮暴徒による日本人襲撃事件でした。当時は日本のクーデタ関与を伏せ居留民が惨殺されたことのみが大きく報道されましたが、今はその逆で朝鮮暴徒

や清国軍の乱暴狼藉が伏せられ、日本が悪いことをしたという説明が多いようです。

当時、朝鮮の情報は、日本政府よりも早く李鴻章に達していたので、天津領事原敬の任務は重大でした。李鴻章と直接話せる原の情報は日本としては貴重で、日本外務省も北京の榎本公使も原に朝鮮情勢を問い合わせます。駆け出しの外交官でしたが、重宝されています。

そして、翌明治十八（一八八五）年、日本政府が対清交渉に伊藤博文を全権大使として送ることを決定すると、日本がフランスと提携することを恐れた李鴻章はあわててフランスと和議をすすめ、四月四日、パリで休戦条約を結びます。なお、教科書に載っている清仏戦争の最終的な講和条約（清仏天津条約、締結は六月）とは別ですので、念のため。

三月十四日に伊藤博文が天津に乗り込んできて、四月十八日に伊藤と李鴻章の間で天津条約が結ばれます。こうして甲申事変の決着がつき、そのとき諸事を担当した原の手腕が伊藤に高く評価されました。

パリ駐在となるも「スラブはトルコ」と言い出す

甲申事変が落ち着くと、原は外務書記官としてパリ公使館勤務を命じられ、フランスへ。十月に出発し、十二月に着任しています。妻の貞子は、天津へは一緒に行きましたが、こ

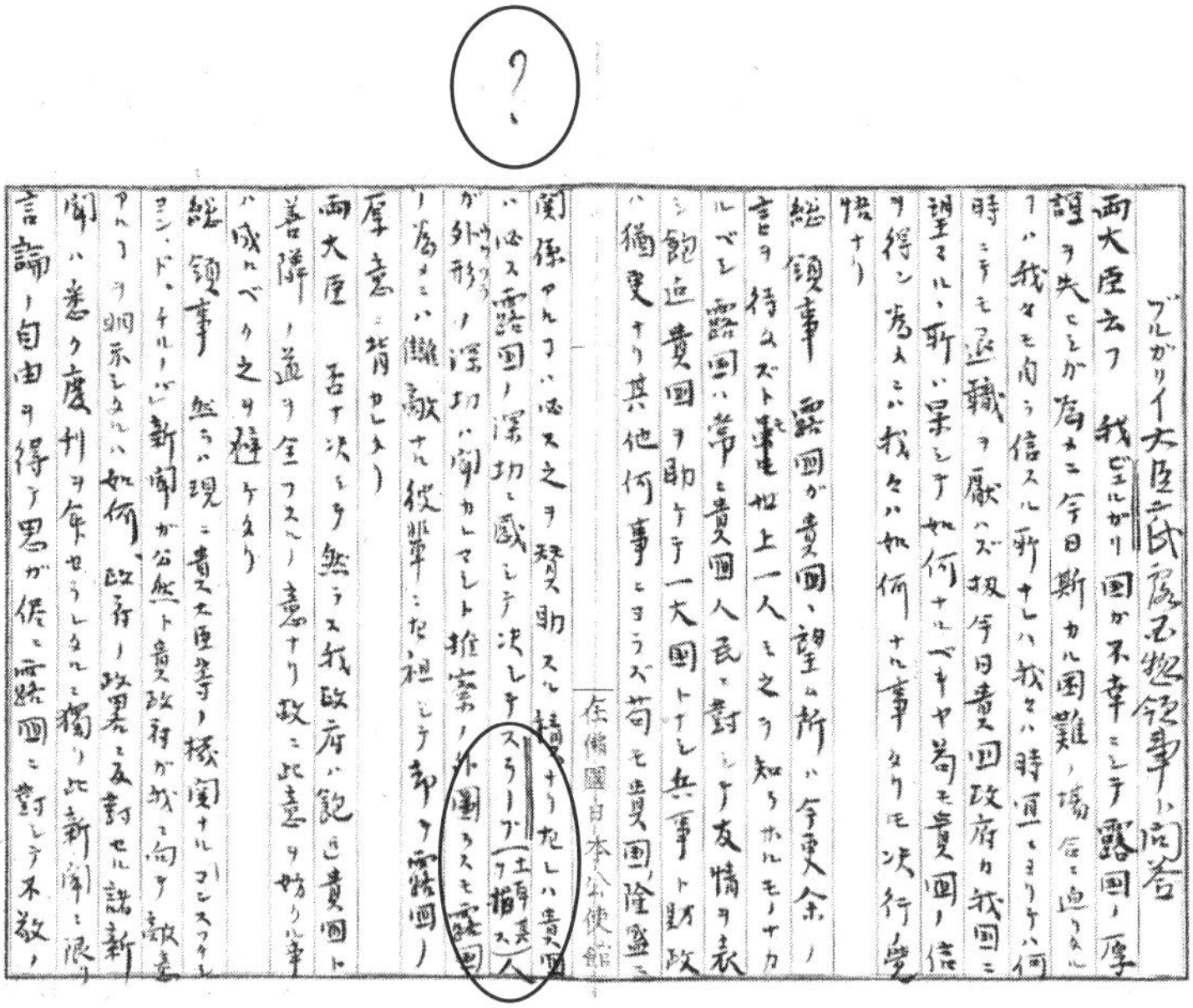

原が井上馨に送った報告書（明治19年8月27日）
出所：外務省外交史料館『巴爾幹半島紛争問題一件』第一ノ一巻
（アジア歴史資料センター）レファレンスコード B03041255700

のときは遅れて渡仏しています。常に健康に優れず、わがままだったとか。

原の天津での活躍が評価されて推挙されたパリ行きですが、実は留学のようなものでした。井上馨外務卿（あるいはその秘書官）が原敬について蜂須賀駐仏公使に当てて「前途有望の人物であるがいささか学力が不足しているから、留学生と思って面倒をみてもらいたい」と書簡を送っています（前田『原敬伝』上、三〇二～三〇三頁）。

実際に原は現地でフランス語を勉強し、大学の聴講生となって国際法ほかの研究をします。明治十九（一八八六）年七月、蜂須賀公使が帰朝

すると、後任の到着まで代理公使となりますが、仕事らしい仕事はなかったようです。当時駐墺公使であった西園寺公望もヒマだったのか、しばしばパリにやってきて一緒に飲んでいました。

約四年にわたる駐仏時代の原敬について、原びいきの前田蓮山『原敬伝』ですら「会話は不得手であった」とか「すこぶる陰鬱性で常に読書にふけっていた」などと書いていて、外交的活躍については何も記していません。

それに、小著『世界大戦と危険な半島』（ＫＫベストセラーズ、二〇一五年、一六六頁）でも触れましたが、パリ時代の原は井上馨に宛てた報告書の中に「スラブ（トルコを指す）」と書き記すなど、外交官としての資質を疑いたくなる交信をしています。井上馨（か誰か）が「?」と書き込んでいるところがご愛嬌です。

原は当初、単身赴任でした。妻の貞子は遅れてフランスにやってきます。前田蓮山は『原敬』では貞子が明治二十年二月に渡仏したとし、『原敬伝』では明治二十一年にパリに到着したと記しています。どちらかが間違いなのか、一年かけてあちこち旅行しながらパリまで行ったのか定かでありませんが、いずれにしても夫に一～二年遅れて到着していま す。花の都パリには来たかったようです。

他の男と浮気していたのではないかと疑わしいですが、どうでもいいことなので次に行きましょう。

農商務省へ異動――陸奥宗光に重用される

明治二十二（一八八九）年四月、原は帰国し、農商務省参事官になります。外交官だったのに、いきなり農商務省へ異動しています。パリ駐在の間に日本の政治事情が大きく変わっていたためです。

原がパリに到着した頃、第一次伊藤内閣が成立しました。内閣制度が整い、井上馨は外務卿あらため外務大臣となりました。その後、明治二十年九月に井上は辞任し、二十一年四月には伊藤内閣から黒田内閣へと移ります。外相はよりによって天敵の大隈重信です。

幸い井上馨が農商務相になったので、原もそちらへ移ったというわけです。しかし頼みの井上は実務を次官の岩村通俊に任せきり。外務省からまぎれこんだ、いわば、よそ者の原は干されました。

職場も悲惨ですが、家庭もうまくいっていませんでした。貞子は病気がちで温泉に行って一ヶ月も帰らなかったり、帰っても大変な浪費家で、主婦失格です。

そうこうするうちに天敵の大隈外相が明治二十二（一八八九）十月、右翼活動家に襲われ、右足切断の重傷を負います。黒田清隆首相は辞表を提出、十二月二十四日に第一次山県有朋内閣が誕生します。

そこで岩村次官が農商務相に昇進し、原は秘書官に任じられますが、原をめぐる状況はあいかわらず芳しくありません。明治二十三（一八九〇）年二月二十四日の日記には「井上伯が職を辞して以来、省中の形勢一変し……余のような秘書官は事務に関与しなくていいなどという口実の下に全く閑地に置かれ、些少の俗務の外に用事なく、出省して終日各新聞を閲読し、小説三面記事まで精読するのみ」と、朝から晩まで隅から隅まで新聞を読んでいる、絵に描いたような窓際状態です。

事態が好転するのは、この年五月のことです。岩村農商務相が辞職し、陸奥宗光が後任となりました。原は「このまま秘書官をやってくれ」と陸奥に頼まれ、承諾します。

陸奥は徳川御三家のひとつである紀州和歌山藩の生まれで、西南戦争中は西郷に味方して政府転覆を企てたところ、未遂に終わって投獄されるなど、型破りな人生を送ってきた人です。しかし、このころには「藩閥政府を倒すのは不可能だ。むしろ内部に入り込み、そこからよりよい政治を目指そう」という考え方に変わっていました。

陸奥の入閣にしても、いろいろあったようです。駐米公使であった陸奥に山県から入閣の打診があり、承諾したから帰国したのに、大臣ポストは埋まっていました。怒った陸奥は第一回衆議院議員選挙に立候補します。陸奥が民権運動側に行ってしまっては厄介なので、あわてた山県が入閣させたという経緯があります。

原は、新上司の陸奥とはウマがあったようです。『原敬日記』は人の悪口ばかりで、褒

められる人など稀なのですが、陸奥に対する毒舌は見られません。原は陸奥を公私ともに頼りにし、陸奥の死後は、残された遺族のことを気にかけて、夫人や子息たちのその後についての記述が散見されます。

　ちなみに陸奥は当選し、大臣でありつつ衆議院議員になっています。現代では当たり前ですが、明治にあっては異色です。

　ところで第一回総選挙について、原は「いろいろ騒々しいけれども、フランスにおける補欠選挙より穏やかである。選挙権が地租によって制限され普通選挙とは異なるためだが、一方、不熱心の人が多いことも静穏の理由だろう」と七月五日の日記に記しています。

　第一回目の選挙は、原の見たところ、おとなしかったのですが、第一回帝国議会は大混乱です。内も外も物騒で一月十三日の日記にも、「近来壮士ら議員を悩まし、弱き議員は議院内に仮寝する者あり。また往来には手下の壮士または巡査に護衛されている者もいる。重〔ママ〕な議員には二～三名の巡査がついている次第なので、遂に保安条例を布《し》くに至った」とあります。

　明治二十四（一八九一）年五月六日、第一次松方正義内閣が成立します。陸奥農商務相は留任です。ところが、組閣から五日目に大津事件が起こります。訪日中のロシア皇太子傷害事件です。大臣たちが次々と辞任します。大山陸相、青木外相、西郷内相、山田法相、芳川文相と、一ヶ月の内に五人も辞めてしまいました。松方に人望が無いので、理由を見

つけて出て行ったのです。

去るは天国、残るは地獄。まだ辞めていない陸奥に政務部長の仕事が押し付けられます。閣内を一致させるために各省を指導・監督する部署として八月に政務部が置かれ、原も部員の一人になっています。議会と政府の連絡役ですが、これがうまくいきません。陸奥は、はや九月に政務部長を辞任し、原も一緒に部員を辞めます。

日清戦争が終わったら外務次官に

明治二十五（一八九二）年三月、陸奥が松方内閣の選挙干渉に反対して農商務大臣を辞すると同時に、原も省を去ります。

当初から不安定だった松方内閣は七月末につぶれ、八月には第二次伊藤内閣が成立しました。ここで陸奥宗光が外務大臣に就任します。原もスカウトされ、晴れて通商局長に任じられます。ちなみに、外務次官は旧幕臣の林董です。

この頃の日本史的な大事件といえば条約改正と日清戦争です。

明治二十七（一八九四）年七月に日英通商航海条約が調印され、領事裁判権の廃止、関税自主権の一部回復が実現しました。そして、日清戦争は同年八月から始まり、翌明治二十八（一八九五）年四月の日清講和条約（下関条約）調印で終結します。

しかし、その間に原がこれといった働きをした記録はありません。前田蓮山も「原敬は条約改正には直接の関係はなかった」（前田『原敬』八十九頁）と書いています。戦争が終わってひと月後の五月に原は外務次官に任じられます。重大事件が片付いてどうでもよくなってから、次官になりました。

かつて外交官デビューの頃、李鴻章に食い込んだはいいけれど、その後はたいした活躍がありません。

通商局長として不平等条約改正や日清戦争においても諸事において事務処理はしていたのでしょうが、邪魔しなかったというだけです。重要な外交交渉からは外されています。

それでも原の行った仕事と言えるものが、一つあります。外交専門家を育てるべく外交官採用試験制度を設けました。当の試験が平成十三（二〇〇一）年より廃止されたところを見ると、この試験の創設が特筆すべき功績なのか弊害を生み出しただけなのか、判断に苦しみますが。

ところで、八月に陸奥や原の同僚外交官たちに恩賞が出ますが、原は辞退しています。

（『原敬日記』八月二十日）

陸奥子爵は伯爵に進められ旭日一等に叙せらる。同時に数人の叙勲授爵があった。外務省官吏にもそれぞれ恩賞の申立をなし、林、西の両人は授爵のことに陸奥大臣に

内儀して取り決めた。自分は常時通商局長として常に本省に留守居の役に当たっていたので功労があると言えばある。無いと言えば無い。それに次官に任ぜられて行賞取調の任に当たっている。そんなこんなの事情を考え、多少の功労を申し立てて恩賞を得たいとは思わない。陸奥、西園寺（臨時外相兼任）からは勧められたが、これを辞す。西園寺は勲章を辞しても賞金ぐらいは受けてもいいだろうと言うが、之も辞した。

本当に働いていないから遠慮したのだと思います。「功労があると言えばある。無いと言えば無い」と、自分でもわかっています。

このころの原敬日記にはいろいろな時局問題が書いてあるのですが、原の事績として、取り立てて述べるほどのことはありません。情勢分析にしても、新聞の切り抜きレベルです。陸奥のすごさを記録に遺すなどしていれば面白いのですが、残して人に読まれることを警戒したのでしょうか。あるいは、本当に知らなかったのでしょうか。後者の可能性も大いにあると思います。

もめごとが片付いたら朝鮮公使に

そうこうしているうちに明治二十九（一八九六）年六月に原は、特命全権公使に任じら

れ朝鮮駐劄《ちゅうさつ》を命じられます。年功序列で出世します。

朝鮮では日清戦争中に井上馨が公使を務めました。戦後、三浦梧楼が後任となりますが明治二十八年十月に閔妃殺害事件を起こし解任されます。その後始末に朝鮮駐劄公使として朝鮮に渡ったのは小村寿太郎でした。今回は、小村が召喚されて外務次官になり、逆に原が朝鮮に向かいました。大物が連続した後の小物感が漂います。

戦争中の大変なときに強面の井上が朝鮮を抑え、もう大丈夫と思ったら三浦が下手をうち、やっとのことで小村が尻拭いしてまとめた後に原が朝鮮入りしたというところです。

原は京城に到着した翌日の日記（七月八日）に「井上公使日清戦争のときに駐劄しながら方針を誤り朝鮮官民および在留外国人の悪感情を残した」と書いていますが、これは井上ばかりを責められません。それが証拠に同月十九日の日記には、「仁川警務庁にて、夫婦喧嘩の者を取り調べ中に誤って死に到らしめ五〇〇〜六〇〇名に襲われる」とあります。取り調べ中に誤って殺してしまう警官も警官ですが、そこで暴動を起こす朝鮮人も血の気が多すぎる。そういう土地柄としか言いようがありません。

この朝鮮公使時代の原も、現地の不穏な情勢をいくつか書き残していますが、事務的な仕事ばかりです。ただ、激務ではあったようで、二度も卒倒したとか（前田『原敬伝』上、三七〇頁）。

そして九月、第二次松方内閣が成立し、外相はまたもや大隈重信です。原は辞職を決意

します。十月に帰国し、朝鮮在勤の免職願いを出しますが、後任がなかなか見つからず、聞き届けられたのは翌明治三十（一八九七）年二月のことでした。原が朝鮮で仕事をしたのは足かけ五ヶ月、正味三ヶ月程度でした。

十五年にわたる原敬の官僚時代は終わりました。

ところで帰国後まもなく原夫婦は別居しています。原敬四十一歳、貞子二十八歳のことでした。十一月の日記には、二十三日に「貞子の件につき協議すべき事あり」、二十四日には「昨夕、貞子京都を出発して帰京の途についたとの電報に接し、自分は在宅しないほうがいいと芝浦海水浴に赴き滞留した」など、意味深な記述があります。そして、十二月二十三日には「本年は政治上においても、自分の一身一家についても少なからざる事件があった」と記しています。具体的に何があったか不明ですが。

妻の浮気に悩まされていたのを暗示しています。

大阪毎日新聞社の社長になる

明治三十（一八九七）年八月、原は大阪毎日新聞社から勧誘を受け、入社を決めます。大阪に行く前に大磯で養生中の陸奥に相談すると、「待命中の外務省は実にけしからぬ仕

打ちであるから、一日も早く辞職するがよい」と賛成してくれました。契約後の十六日にも原は病に臥せる陸奥を訪ねて大阪行きの報告をしています。余命わずかの陸奥は看護婦や家族に支えられてやっと半身を起こしての対話となりました。同月二十四日に陸奥は亡くなりますので、この日が最後のお別れとなりました。十月には遺族より、形見の金時計をもらっています。

ところで、このとき原の勤続年数からすると、もう少し官に勤めれば恩給をもらえることになっていました。それを棒に振ってさっさと辞める、潔い！　と思いきや、八月三日の日記には原が新聞社に出した入社条件が残されています。

一、新聞に関する一切の事務を委任すること
一、雇用の年限は三ヶ年の事
一、俸給は年俸六千円の事
一、会社の都合で解雇する時は三ヶ月前に通知する事
一、本人の都合によって退社する時もまた三ヶ月前に通知する事
一、期限前会社の都合で解雇する時は残年限に対する俸給を支給する事

さらに、これらを列記した後、「来年一年を経過すれば恩給が受給できるのに退官する

のだから不当の請求とも思わない」としています。ちゃっかり新聞社に恩給分を要求していました。

結局のところ年俸五千円の三年契約となりますが、翌年には社長となり年俸は六千円に。最終的にほぼ要求通りの待遇を受けています。

『大阪毎日新聞』は当時の大新聞のひとつです。もとは民権派の新聞でしたが、自由民権運動の勢いが衰えると、大阪財界の重鎮が出資元となり「実業新聞」に方向転換。論調は穏健化しました。原敬が入社すると、口語体の随筆を連載するなど、やさしい紙面を目指します。新聞が普通に口語体を用いるようになったのは大正末なので、先駆的試みでした。そのほか名士による時事解説、婦人記者の採用、地方付録、家庭欄や文芸欄の充実などによって、購読者は大幅に増加し、三年間に三倍に増えました（山本『原敬』五十二頁）。経営手腕はなかなかです。

ところで、陸奥宗光には、東学党の乱から三国干渉に至る外交の記録を綴った著作『蹇々録《けんけんろく》』がありますが、日清戦争から三年たち、それが漏れてしまいました。明治三十一（一八九八）年十月二十八日の原の日記には「蹇々録は外務省の秘書……陸奥伯の功績を示すものだが、外交のためには秘すべき」だとあります。しかし、「外務省が差し止めないなら、我が誌上にも公にする」と商売っ気たっぷり。秘すべきものと言いながら、禁止されないならいいやと載せようとしています。

なお、岩波文庫版『蹇々録』（一九四一年改版、三二三頁）の解説によると「外務省の機密文書を引用した外交秘録であったから、もとより公表を許されず、わずかに秘密出版として稀少部数が世上に流布したに過ぎなかった。ようやく昭和四年一月に至り……はじめて公表されるに至った」そうですので、このとき漏れたのが「わずかな秘密出版」に相当するものと考えられます。

ところで貞子夫人は、その頃どうしていたか。

十二月十九日の日記にはただ一行「貞子、東京宅に帰る」です。

別居していましたが、このときは和解し、もとの鞘に収まりました。

第二章　怪物政治家の誕生

――大臣、議員、政友会幹部へ

立憲政友会創設で実務の一切を握る

明治三十二（一八九九）年四月のことです。原は井上馨と面会し、駐清公使にならないかと勧められます。しかし、「青木外相の下で清国に赴いても何も成功しないでしょう」と断りました。

翌明治三十三（一九〇〇）年からは、義和団の活動が活発化します。北清事変直前の時期です。この大事な時期に働けば見せ場だったのに、そういう勘が働かなかったのか、自信がなかったのか、原は駐清公使になりませんでした。

代わりと言っては何ですが、六月に『外交官領事官制度』という本を出しています。

そんな原に転機がやってきました。

明治二十三年の憲法施行以来、政権は藩閥政府が握っていましたが、予算先議権のある衆議院にさんざ手こずらされました。衆議院が、対外硬を叫びながら減税しろという矛盾した主張を続けながら、藩閥の内閣をことごとく潰そうとする中、なんとか妥協してやってきました。

議会対策に頭を痛めてきた元老の伊藤博文は、自分で政党を作るしかないと考えるに至ります。当時の第一党は憲政党、板垣退助が作った自由党の末裔です。伊藤は憲政党を基

礎とする新党を作ろうとしました。憲政党は拒否権を持っているけれど、政権は運営できません。そこに伊藤傘下の官僚が加われば、議会の多数派に苦しめられずに政権運営ができると考えたのです。

党の創設には、盟友の井上馨も資金面で尽力しました。伊藤は官僚系の伊東巳代治、自由党系の星亨《ほしとおる》らと交渉します。そして民間からも広く人材を求めようと、今は新聞社経営者ですが元官僚の原敬にも声をかけました。

前田蓮山によると、金の工面をするのは井上馨でしたが、井上は元老という身分上、公然と政党に与するわけにはいかず、誰に会計をまかすべきかと考えた末、安心して金を預けられるのは原敬より外はないと、原が呼ばれたとあります（前田『原敬』一〇一頁）。金に細かい原については、小泉策太郎『随筆西園寺公』（小泉三申全集第三巻、岩波書店、一九三九年、四〇一～四〇二頁）におもしろい話があり、西園寺が原敬について語っています。

元老・伊藤博文も議会運営には苦労

原は金の好きな男でね。けちでは

ない。よく散ずることも知っていたが、金を数えたり、札を丁寧に紙入れに入れて持っていたり、我々が書画を楽しむように金に接するのが好きであった。会計のことは一切原に任せていたが、五円の出入りさえも細かくつけ、巻紙を竪《たて》にして細長い表のようなものに鉛筆で丹念に出納を書いて出す。そんな面倒なものを見るにおよばないからと言っても、なかなかよさなかった。俗にいう几帳面というのだね。政友会へ寄付があったのをごまかしたなどの冤もあったが、わたしが能く知っている。みんな誤解だ。金は好きでも私欲でごまかすようなことはなかった。

会計はもとより、政党の組織づくりに原は向いていたようです。もっとも、当時の人々の頭には政党というと「徒党」のイメージがあり、「伊藤が徒党をつくる？　とんでもないことだ」との反発が強く、そこそこ有能な人材で、政党づくりのような「汚れ仕事」を喜んでやってくれるのは原ぐらいだったのです。

それまで伊藤と自由党との連絡役をしていたのは伊東巳代治でした。党の綱領や党則は伊東、星、原で起草しています。しかし、伊藤博文の最側近とも言える伊東巳代治は枢密顧問官であるからと新党に入りませんでした。

ところで明治三十三（一九〇〇）年七月三十日に、原は伊東巳代治をおとずれています。日記には「なぜ新政党の党員にならないか、いろいろ理由を聞いたけれども、彼の真意は

違う。自分が伊東の意見を求めたのも、伊藤との関係において彼の嫉妬を避けるためにほかならない」と書いています。

伊東は「伊藤さんの一の子分はオレ」と自負していて、その他大勢に入るのが嫌だったのでしょう。

八月十六日、原は伊藤から新政党組織に関する一切の事務を任せられます。

そして、九月十五日に立憲政友会が設立されます。「党」ではなく「会」にしたのは前述のように字のイメージが悪かったから。「朋党」「徒党」など、その辺のゴロツキが集まっているような印象を避けるためです。

内閣総辞職を武器にした最初の総理大臣は山県有朋

こうして立憲政友会は成立しました。しかし、原はまだ中立を建前とする新聞社に籍を置いていましたので、創立委員中に名はなく、発会式にも出席しませんでした。

伊藤博文のライバルである山県有朋はといえば、衆議院に拠点を持っていません。伊藤がそのまま大政友会を率いて権力基盤を固めたら、自分は未来永劫にわたって伊藤より格下になってしまう。そんな危機感を抱いた山県は、伊藤が充分に準備を整える前に政友会を潰してしまおうと考えます。そもそも山県は大の政党嫌いです。

そこで山県の取った手段は、内閣総辞職です。伊藤に総理大臣を押し付け、政権をとらせて潰す。政権担当の準備ができていない政友会に政権を渡せば失敗するに決まっている。狙いは見事に当たります。

内閣総辞職を武器にした総理大臣は、このときの山県ほか、桂園時代の桂太郎と西園寺公望、斎藤実、中曽根康弘、竹

長く影響力を保った山県有朋

下登です。

桂と西園寺については後述しますが、斎藤実は、昭和九（一九三四）年の帝人事件により、平沼騏一郎以下枢密院や検察に地盤を持つ平沼閥と政友会多数派も含めて攻撃されたときに内閣総辞職し、後輩の岡田啓介に譲ります。斎藤自身は内大臣として宮中に入り、検察を抑え込みました。

戦後は、中曽根康弘と竹下登です。中曽根政権末期、後継候補者と目されていた政治家が三人いました。安倍晋太郎・竹下登・宮澤喜一です。最大派閥は竹下派でしたから、最有力候補はもともと竹下だったのですが、安倍と宮澤を煽りに煽って、収拾のつかない状

態にしておいて、三人が「中曽根さん決めてください」と言ってくる状況を作り出し、最終的に中曽根が指名しました。竹下に譲ることを密約していたにもかかわらず、これでもかと高く総理の椅子を売りつけて、恩に着せました。後継指名はしばしばありましたが、候補者三人がそろって現職総理に指名を仰ぐようなことは珍しいので「中曽根裁定」として有名です。結局、リクルート事件で台無しになりましたが。

リクルート事件とは、昭和六十三～六十四（一九八八～八九）年にリクルートコスモス社の未公開株が政界幹部などに譲渡されたことが表面化した贈収賄事件です。検察に追い詰められて竹下内閣は総辞職……したはずなのですが、ここからの竹下が強い。その後も竹下は実権を握り続け、続く内閣の首班、宇野宗佑・海部俊樹・宮澤喜一はどれも竹下傀儡政権です。

話を明治に戻しますが、山県有朋は内閣総辞職を武器にして、その後も影響力を保った最初の総理大臣です。

この影響は大きく、政友会はせっかくそれ以前の徒党だかヤクザだかわからないような人たちと決別し、政権担当能力のある政党を作ろうと思っていたのに、準備ができないまま政権を押しつけられてしまったために近代政党になりそこないました。それが現在の自民党政治にまで尾をひいています。

九月二十六日に山県は辞表を提出し、十月十九日、第四次伊藤内閣が成立します。最初

の政党内閣です。政友会総裁が総理大臣で、しかも形式的には陸海軍大臣と外務大臣以外は政友会員です。

弱体総裁・伊藤博文のグダグダ組閣

ところで、政友会のトップには伊藤博文・井上馨の二大巨頭がいましたが、伊東巳代治が去った後の官僚派のドンは渡辺国武でした。そして党人たちを事実上、取り仕切っていたのは星亨です。原は幹部級ですが、星の下で地味に立ち回っていました。

なかでも渡辺国武は「自分がいなければ官僚派はついてこない」と自負していて、わがまま放題です。組閣直前、伊藤が風邪で臥せっているのに渡辺はズカズカと訪ねて行って、「あんたには統御能力がない。伊東巳代治や星亨のような私欲邪曲の徒を近づくに置いてはいけない。自分を冷遇するなら退会する」などと言いたいことを言って去っていきました（『原敬日記』明治三十三年十月九日）。

九日夜、渡辺は記者懇談を行い、本当に「政友会を脱会する」と宣言します。渡辺は組閣に向けて党内で猟官運動が激化しているのに伊藤らがそれを放置しているなどとして、政友会創立委員長でありながら、政友会批判をはじめました（佐々木隆『伊藤博文の情報戦略　藩閥政治家たちの攻防』中公新書、一九九九年、二九二頁。栗田直樹『原敬日記を

読む』成文堂、二〇一八年、十三頁)。

渡辺の過激な運動は功を奏します。伊藤は当初、井上に大蔵大臣になってもらう予定でしたが、ゴネ得の渡辺が大蔵大臣におさまります。そのとばっちりで原の入閣の約束は反故にされました。十三日の日記に原は「内閣組織に必要だとし、ただし、事の円滑のため政党に加入してくれと勧めながら、ひどい。伊藤は意思薄弱で旧自由党の四総務委員を入閣させざるを得ず、松方の依頼で加藤高明を外務に、渡辺国武の強迫《(ママ)》を恐れて大蔵に入れるような処置を取り、自分との前約には背いた」と怒っています。十五日にも「今回は従う。でも、それなら貴族院議員にしてくれ」と記しています。

後年の原が叙爵を断り続ける話は有名ですが、その理由の一つとして衆議院の議席を失うからということがあります。しかし、この頃は代議士ではないので、議会に議席を持てるなら貴族院でもよいのです。

十一月に大阪毎日新聞社を退社した原は、正式に政友会総務委員になるはずでしたが、西園寺から「しばらく猶予してくれ」との電報を受け取ります。旧自由党の連中が総務増加を迫っていて、伊藤が躊躇しているようすだったので、原は「創立の際より事実上の総務なのに、今更そんなことを言うなら辞める」と書き送りました(『原敬日記』十一月二十四日)。

その結果、十二月十九日に原は総務委員兼幹事長に指名されました。

こんな調子なので、伊藤博文は総理総裁なのに組閣がままなりません。伊藤は四回総理大臣になっていますが、最初の方はよかったのですが、最後は弱体政治家に成り果てています。

ちなみに私は『工作員・西郷隆盛』（講談社＋α新書、二〇一七年）、『日本史上最高の英雄《ヒーロー》　大久保利通』（徳間書店、二〇一八年）『桂太郎――日本政治史上、最高の総理大臣』（祥伝社新書、二〇二〇年）そして、今回『原敬』を書いていますが、伊藤博文の本はありません。「なぜ？」と聞かれることがあります。

伊藤は若い頃から高杉晋作のあらゆる非合法活動につきあい、初代総理大臣、初代枢密院議長、初代貴族院議長、初代韓国総監と、いろいろな初代を務めています。最後には暗殺されて死んでしまう華々しい経歴とドラマチックな人生なのですが、書くことが多くページ数がかさむわりには、これというクライマックスがない上に、右記のように晩年が尻つぼみなので、昨今の出版事情の中では、なかなか厳しいものがあるのです。

原敬、ようやく初入閣

この伊藤の例が示すように、思うような組閣は政治力がなくてはできないのです。

イギリスの野党はシャドー・キャビネット（影の内閣）を用意しています。政権を担当

していない野党も、あらかじめ内閣を組織しておき、いざ政権交代となれば、シャドー・キャビネットがそのまま本物の内閣となります。

日本もイギリスの真似をしてシャドー・キャビネットなるものを作ったことがありますが、そのまま本当の内閣になったことは一度もありません。いつも格好だけで、まったく意味がありません。いざ組閣となると、総理大臣が論功行賞を始めてしまうので、うまくいかないのです。だったらシャドー・キャビネットなど作らなければいいのにと思います。

日本では、総理大臣の権限はこれ以上強くできないほど強いのですが、政党総裁の権限が弱い。政党総裁は党員の選挙で選ばれているのだから全員従えと言えばよさそうですが、実際には派閥力学で選ばれているので、そうも言えません。

伊藤博文の場合は規約上「総裁専制」なのですが、他の実力者を抑える力量がありません。官僚と旧自由党の連立の上に乗っているので、両方の顔色をうかがわなければいけないからです。権限があっても、それを行使できるかは別問題なのです。

井上馨は兄のような旧友なので、「すみません、井上さん。大蔵大臣にできませんでした」と拝み倒し、原敬はいわば旧知の子分なので、「ごめんね。外務大臣にできなくて」と言えます。しかし、赤の他人の協力を得るためには、大臣の椅子を投げ与えなければなりませんでした。

伊藤は大汗をかきながら組閣を終えます。数だけ見ると、半分官僚で半分党人です。し

かし第四次伊藤内閣の閣僚配置を見ると、主要大臣には官僚派をつけ、党人派はおこぼれをもらっているだけです。格の順に並べます。

総理大臣　伊藤博文
大蔵大臣　渡辺国武
内務大臣　末松謙澄
陸軍大臣　桂太郎→児玉源太郎
海軍大臣　山本権兵衛
外務大臣　加藤高明
司法大臣　金子堅太郎
農商務大臣　林有造
逓信大臣　星亨→原敬
文部大臣　松田正久

外相・陸相・海相のほかは全員が政友会員という顔ぶれの中、官僚派頭目の渡辺が最重要の大蔵大臣で党人派を率いる星が逓信大臣です。逓信大臣は「伴食大臣」と呼ばれ格落ちです。同じく自由党以来の領袖《りょうしゅう》の林も、伴食大臣です。

実は、もともと星が内相になるはずでした。ところが渡辺は蔵相になりたいのに井上馨に決まっていて、「それなら内相に」と思ったら、そこは星だというので切れてしまったのです（前田『原敬伝』上、四二三頁）。

では、渡辺蔵相、星内相にしたらよかったのではと思うかもしれませんが、それは無理です。そうなったら、伊藤には何の権力もありません。せめて内相は気心の知れた身内にしておかないと。そこで娘婿の末松謙澄が起用されています。井上が身を引きました。

その後、原にとって都合がいいことに（？）、星亨が東京市会汚職に関して貴族院の攻撃を受け、十二月に辞職しました。後任として原が逓相に就きます。最初の東北出身大臣です。

ところで当初、伊藤が原のポストとして考えていたのは外務大臣でした。しかし、実際に外相になったのは加藤高明です。原も加藤も外交官出身ですが、なぜ加藤が外務大臣になったのか。それは三菱財閥の娘婿だからです。

外務大臣と逓信大臣ではだいぶ格が違います。きっと悔しかったことでしょう。

原は後年に、「政党の領袖でわが輩のように貧弱な生活をしている者はいないよ。加藤は三菱のムコだからいうまでもないが、犬養なんか苦節何十年とかいっているけれども、彼の私生活は貴族様だ。彼の部下の党員は苦節かもしれぬが、彼やその家族はそうではない」と語っています（前田『原敬』一九八頁）。

伊藤内閣、貴族院の反抗に苦しむ

筆頭元老の伊藤が衆議院第一党総裁になり、「だれもがオレ様の威光の前にひれ伏すだろう。もう何も怖いものはない」と思ったら、全然そんなことはありませんでした。衆議院を押さえたら、今度は貴族院が反発しはじめました。

貴族院は山県の牙城です。政友会つぶしのために準備不足の伊藤たちを政権につけたのですから、攻撃開始です。星の汚職事件に対しても貴族院は激しく攻撃を加えました。

明治三十四（一九〇一）年一月、政府が北清事変などに対応するため増税案を提出すると、二月に貴族院が否決します。

貴族院は最終的に何とでもなると思われがちですが、何とかするまでが大変なのです。反対する貴族院対策を考える閣議で、加藤高明は「英国流に衆議院を解散し、信を国民に問うべきである」と主張しました。蔵相渡辺国武と法相金子堅太郎もそれに賛成しました（前田『原敬』一〇八～一〇九頁）。しかし、原敬は設立したばかりの政友会にとって不利であるとして反対しました（山本『原敬』六十一頁）。

これは原の言う通りで、単に衆議院を解散するだけでは、まったく意味がありません。その後の選挙結果がどうであろうと、貴族院としては「ああ、そうですか。それで？」と

無視することも可能です。また、貴族院の反対にあって内閣総辞職では、貴族院が拒否権を握ってしまいます。それでは憲政そのものが機能しません。イギリスの場合は、貴族院が反対したら大量の一代貴族を創設して貴族院に送り込むという切り札があるから、衆議院解散で民意を示して「考え直せよ」と迫ることができるのです。

結局、日本の場合はどうしたか。三月に貴族院に増税案の成立を命じる詔勅が下り、しぶしぶ可決となりました。これでは、立憲政治とはいえません。政府と貴族院が対立したら、首相が天皇に勅命を出させるのでは、「天皇ロボット説」と何が違うのかわかりません。

伊藤内閣は増税を含めた予算案をなんとか詔勅によって通しますが、ここで力尽きてしまいます。

衆議院を抑えようと政友会を作ったけれども、自由党系の党人派も、官僚派も抑えがききません。渡辺国武は最後までわがままを言い続け、嫌気のさした伊藤は辞任してしまいます。

わずか八ヶ月弱の短命政権で終わりました。

帝国憲法下でも首相に大臣罷免権はあった

帝国憲法下では辞めさせたい大臣が辞表を出さない場合、内閣総辞職をして、事実上の内閣改造を行っていました。現行の日本国憲法はその欠陥を是正して、総理大臣に罷免権を持たせたというのが通説となっています。しかし、実は帝国憲法でも総理大臣に閣僚の罷免権があったのです。

内閣制度ができてから戦前一度も発動されていない上に、帝国憲法そのものにも文章として書いてあるわけではないので見えにくいのです。

帝国憲法成立以前ですが、一度、大臣の罷免が発動されたことがあります。明治十四年の政変です。このとき大隈重信大蔵卿は諭旨免官になっています。

帝国憲法で罷免権を持っているのは天皇です。

大日本帝国憲法　第十条

天皇ハ行政各部ノ官制及文武官ノ俸給ヲ定メ及文武官ヲ任免ス但シ此ノ憲法又ハ他ノ法律ニ特例ヲ掲ケタルモノハ各〻其ノ条項ニ依ル

天皇は「文武官を任免」できると書いてあります。大臣も官僚も軍人も「文武官」に含まれるので、閣僚をクビにできるのです。もちろん天皇個人が判断を下すことはなく、実際にその権限を公使するのは輔弼責任を持つ総理大臣です。ところが、それを行使しない運用を重ねているうちに使いにくくなってしまいました。しかし、やろうと思えば、できるのです。

昭和期に第二次若槻内閣が、安達謙蔵内相一人の造反で総辞職に追い込まれますが、このとき「若槻が天皇に免官を奏請することもでき、必ずしも総辞職しなくてもよい」と言った人がいます。平沼騏一郎です（萩原淳『平沼騏一郎と近代日本』京都大学学術出版会、二〇一六年、一七四頁）。

法制局参事官であった山崎丹照も『内閣制度の研究』（高山書院、一九四二年、三二六頁）で内閣総理大臣が辞職に至った事情を考察し、閣内の不統一による内閣総理大臣の辞表捧呈――内閣退陣という場合が圧倒的に多く、我が国における内閣制度の本質に内在する欠陥に起因するものといい得るものとしています。

「これではあまりにも運用が厳しすぎる、何とかしなければ」が、当時の法律家の常識なのです。

閣僚を罷免できない理屈は「クビにしなければいけないような大臣を天皇陛下に推薦した総理大臣には責任がある」です。それで、内閣を続けるにしても一旦総辞職しなければ

ならない運用になっていました。

のちの加藤高明内閣（第一次→第二次）や近衛文麿内閣（第二次→第三次）は事実上、単なる内閣改造なのですが、一旦総辞職の形をとっています。

つまり、伊藤博文がこのとき引き続き政権を担当する気があるのだったら、渡辺ごときクビにすればよかったのです。ところが、伊藤はやる気をなくしていたので、そうせずに辞めてしまいました。

要するに、第四次伊藤内閣は始まりから終わりまでグダグダで、現代にまで至る禍根を残した内閣でありました。

伊藤内閣が終わり、原が逓信大臣を免ぜられた明治三十四年六月二日の日記には「種々の事件があったが多くは伊藤の不決断により失敗に終わる」とあります。

桂太郎首班による次世代内閣が誕生

第四次伊藤内閣が倒れ、政友会は野に下りました。

明治三十四（一九〇一）年五月、井上馨に大命降下されます。しかし、井上の下では誰も閣僚になろうとせず、待命拝辞するしかありませんでした。おっかない雷親父の下で働きたい人は皆無です。

次に白羽の矢が立ったのは桂太郎です。小著『桂太郎』（祥伝社新書）では桂のすごさを描きましたが、原目線で見るなら、桂は単なる「山県のパシリ」です。当時の言葉では「幇間」「太鼓持ち」。また、陸軍軍人出身であるため「サーベルを下げた官僚（幇間）」、口の上手さから「言葉の催眠術師」「言葉のクロロホルム」などの陰口も叩かれました（千葉功『桂太郎』中公新書、二〇一二年、iii頁）。

内閣自体も「二流内閣」「次官内閣」「小山県内閣」などと言われ、「大丈夫かな、この人たち」と当時は軽く見られていました。『原敬日記』にも「桂内閣は山県系の諸氏を以て組織したるものなり」（明治三十四年六月二日）とあります。

しかし、第一次桂内閣の名簿を見るだけで全然違う印象です。

総理大臣	桂太郎
外務大臣	曽禰荒助→小村寿太郎
内務大臣	内海忠勝→児玉源太郎→桂太郎→芳川顕正→清浦奎吾
大蔵大臣	曽禰荒助
陸軍大臣	児玉源太郎→寺内正毅
海軍大臣	山本権兵衛
司法大臣	清浦奎吾→波多野敬直

文部大臣　菊池大麓→児玉源太郎→久保田譲→桂太郎
農商務大臣　平田東助→清浦奎吾
逓信大臣　芳川顕正→曽禰荒助→大浦兼武

実際に名前を見る限り、当初は山県系の閣僚が多いのですが、ほとんどの閣僚が途中で変わっていきます。内閣改造を行って、だんだんと桂が自前の閣僚を揃えていきました。上の世代には山県・伊藤らの元老がいて目を光らせている。衆議院は野党。どうやって政権を運営するのか。あまり期待されていない内閣でしたが、結果的には四年半という戦前内閣の最長記録を達成し、日英同盟を結び、日露戦争を勝ち抜いた史上最強の内閣となりました。一方、政友会は下野しますが、伊藤は依然として政友会内では独裁権を持っている総裁であり、六月に原は総務委員中の常務委員になります。

原、党人派の代表格に——でも外交では、はずされる

六月二十一日、星亨が東京市役所で刺殺されると、原が党人派の代表格のようになります。ちなみに第四次伊藤内閣の倒閣の根源とも言える渡辺元蔵相はすっかり居場所をなくしています。

元官僚の原を党人派と呼ぶのも変ですが、伊藤は原を官僚枠で採用したつもりとはいえ、星のバックアップも得て、双方のつなぎができる人物といったところです。

そして、旧自由党以来の党人の信頼を集めていたのは松田正久です。第一次大隈内閣で大蔵大臣を務めました。自由民権運動以来の闘士ですが、旧自由党以来の政党人たちの中で、官僚と会話ができる唯一の人でした。

政治的人間関係を確認しておきましょう。

日露戦争を勝利に導いた桂太郎

政友会内ではトップに伊藤博文、その下に公家の西園寺公望がいます。当初の西園寺は、ただそこにいるだけです。さらにその下に旧自由党の党人を率いる松田と若手実力者の原が並立している構造を押さえておいてください。

当時の政友会は伊藤、西園寺、松田、原の四人だけを見ていれば大丈夫です。本書ではその四人以外、出てきません。そして、どんどん登場人物が減っていく

ので、明治大正史に詳しくない人も安心してください。

政友会が下野し、総裁の伊藤はヒマになりました。そこで、九月に外遊に出発し、四ヶ月ほど帰ってきません。イェール大学創立二〇〇年祭に出席するために米国に行き、ついでに欧州へ、しかもロシアへと向かいます。もちろん観光旅行ではありません。日英同盟を結ぶか、日露協商を結ぶかという重要な時期でした。伊藤は内政の舵取りをうまく行うことができませんでしたが、さすが筆頭元老だけあって、外交の世界では実力者なのです。

原が伊藤の外遊計画を知ったのは、九月七日の新聞記事からでした。そして、伊藤が出発した翌日の十九日、原は西園寺から「伊藤の洋行の真の目的は朝鮮問題に関して英露二国に内談を試みたいから」と教えてもらいます。

すべてを後から知らされるのが原です。

このときばかりではなく、のちのちまで、原は重要な外交案件に関して蚊帳の外に置かれ続けます。

桂内閣は裏では日英同盟交渉を進めていますが、表では財政問題で難儀しています。政友会は「金のない政府に用はない」とばかりに倒閣運動をはじめますが、特に何ができる訳でもありませんでした。

原敬は政局に関しては機を見るに敏で、十一月十六日には福岡支部総会で倒閣運動を戒めています。今、倒閣運動を起こして政友会政権を打ち立てても、政権がもたないとわか

政友会結党後の国内情勢（1901年5月）

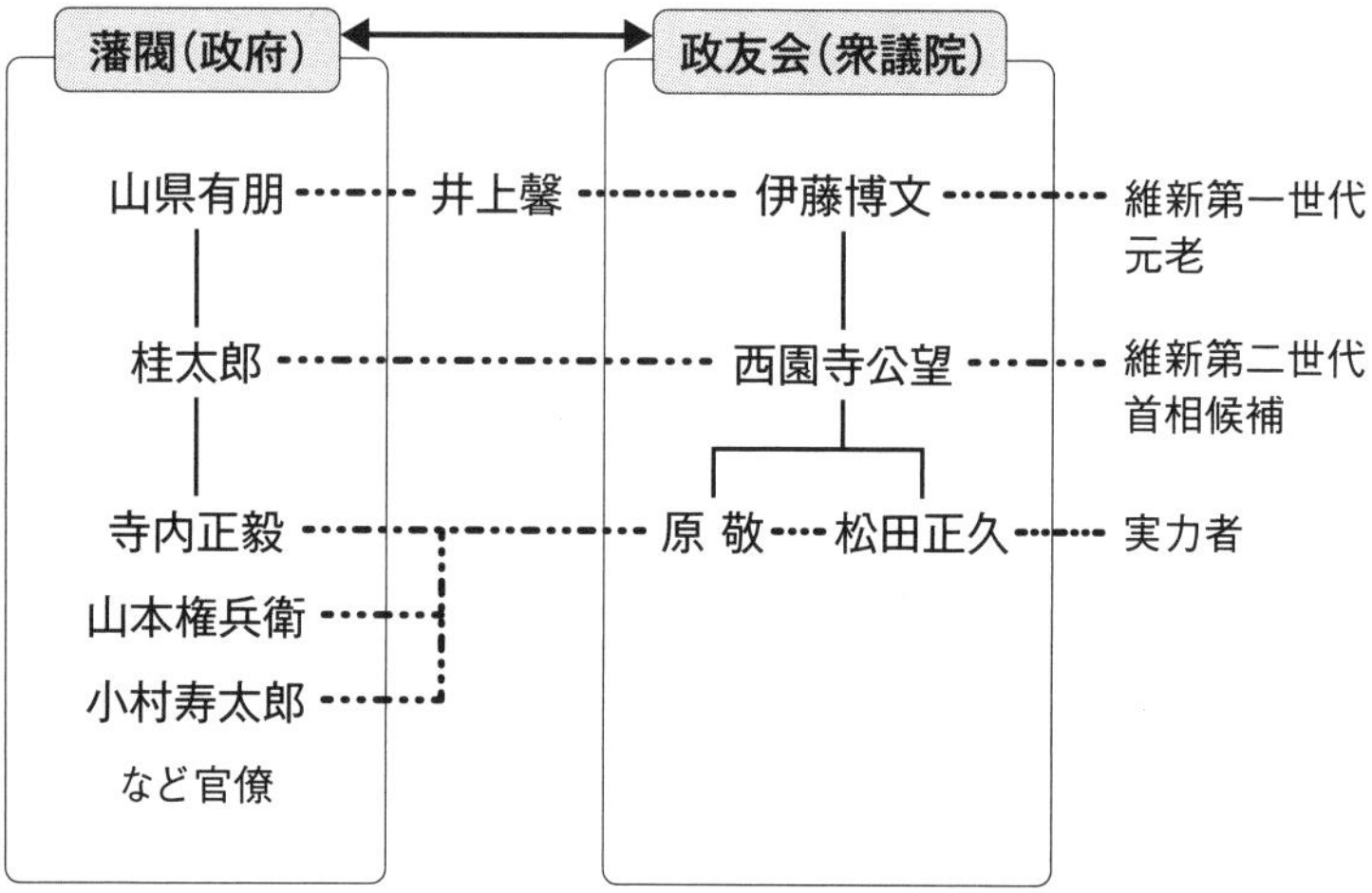

っています。

原の関心事は外交よりも内政です。仙台では、「鉄道の増設港湾の改良を計り、海陸交通機関の完備を期する。東北大学の設置および高等学校の増設を期する。衆議院議員選挙法を改正し、秋田、若松、青森の三市を独立選挙区とする。札幌農学校を農科大学とする」などを議決します（『原敬日記』十一月二十三日）。要するに、「戦争遂行の邪魔をしないから、利権をよこせ！」です。

一事が万事こんな感じです。ただ、こう書いてしまうと罵倒しているように聞こえるかもしれませんが、原の評価は大変に難しいところです。

原は日本が戦争に負けてもいいと思っているわけではないのですが、それより

も大事なのが利権です。政治家（ステーツマン）としては如何なものですが、政争家（ポリティシャン）としては非常に合理的で、実際に原はこの点に関しては成功します。「与党にいない以上、政策よりも党勢拡大」のリアリストであり、最低限の国家意識は持ち合わせている、が妥当な評価でしょうか。

日英同盟成立――でも原は関係ない

野党の原とはまったく関係ないところで、翌明治三十五（一九〇二）年一月に日英同盟が成立します。

伊藤がロシアと交渉していたので、かつては桂が日英同盟を、伊藤が日露協商を進めていて、両者が対立していたかのように説明する本が多くありました。図は一九八〇年代の『学研まんが』より日英同盟交渉の誤ったイメージを象徴する一コマです。まるで桂が伊藤を出し抜いて日英同盟を結んだかのように描かれています。

しかし、実際には桂と伊藤は対立などしていません。細かいところはともかく、大筋として、日英同盟が望ましいことは伊藤も承知していました。それは桂太郎研究の常識です。『桂太郎』評伝の新しいものとしては小林道彦『桂太郎　予が生命は政治である』（ミネ

出所：『学研まんが　日本の歴史13　日清・日露の戦い』1982年

ルヴァ書房、二〇〇六年）、宇野俊一『桂太郎』（吉川弘文館、二〇〇六年）、千葉功『桂太郎　外に帝国主義、内に立憲主義』（中公新書、二〇一二年）がありますが、いずれも桂は伊藤ほか元老たちと話し合いながら事を進めているとしています。

交渉の途中で原は、井上を通じて伊藤の意思を知らされます。政友会が「形勢不穏」なので井上が伊藤に電報を打ったところ、「国際競争の現状は強固で永続する政府を必要としている。だから、国家的重大の理由なくして内閣に反対するものには自分は同情を表することができないと諸氏に伝えてくれ」との返事が返ってきました。

これに対して原は納得がいきません。井上に対し、政府に盲従せよと言うことですかと、激論三時間に及びます。原としてもロシアとの戦争に負けては困るので倒閣までは考えていませんが、条件闘争は仕掛けているのです。また、山県・桂ラインが、多額

の機密費を引き出して政友会の切り崩しを企んでいると見做していました。

原の立場としては、戦わないと政府に買収され、言いなりにならざるを得ず、翼賛議員になってしまうという認識があるのです。実際に昭和初期はそうなってしまいます。

十二月十八日、藤田四郎という井上の使いがやってきました。元農商務官僚で、この年退官して貴族院議員です。原は、既に清国償金特別会計設置法案について、政府と伊藤で話がついていることを知らされます。日清戦争で得た賠償金を予算に組み込もうとの法案です。

桂首相を中心とする藩閥政府は、政友会総裁かつ元老の伊藤とは話をしています。そして、政友会内では、せいぜい西園寺までしか重要な情報は降りてきません。西園寺は公家ですが、戊辰戦争では官軍側で働き、フランス留学後は伊藤博文の腹心となるなど、もともと藩閥側の人間です。どこの馬の骨ともわからない原とは違います。

翌年一月、晴れて日英同盟が成立し、二月に桂首相が貴族院で、小村外相が衆議院で同盟成立の報告演説をしたその日の『原敬日記』は「清韓に関する日英連合条約。最初英国は不同意と思ったが、意外にも同意して成立した」と記しています。日英同盟は意外だったと述べています。やはり何も知らされていないし、センスがありません。

ちなみに原が伊藤から直接、「日英同盟に自分は賛成だった」と聞かされるのは、伊藤の帰国後の二月二十六日です。

なお、かつて「桂さんが日英同盟を結んでしまった。なんということを～」だった『学研まんが』も最新版では表現が改められています。最近の出版物は最新研究の成果を反映していますが、一般的には、まだまだ研究者の常識が普及していないようなので、ここで強調しておきたいと思います。

筆頭元老としての役割を外遊で果たして帰国した伊藤でしたが、国内ではパッとしません。党務がまるでできない総裁扱いです。

この頃、伊藤は政治資金に窮していました。首相時代の山県は機密費を宮中から引き出したりしましたが、野党の伊藤にその方法は使えません。井上馨も財界の援助を得ることができず、伊藤を助けられませんでした。伊藤は事務員の数を減らすなど経費削減に努めました。候補者に対する選挙費補助も絞ります。また、初めての大選挙区単記投票（つまり中選挙区制）ということもあって、候補者が乱立し、同士討ちに悩みました。「どうしても辞退しない者に対しては、除名処分に」と迫っても、伊藤は除名を許しません。幹部は「総裁は党のことを知らなすぎる」と伊藤に不平を訴えます（前田蓮山『歴代内閣物語』上巻、時事通信社、一九六八年、二五二頁）。

金を集めないことには政友会はやっていけません。しかし、伊藤はその術を知らないどころか、総務委員の責任において借金をすることにも反対しました（『原敬日記』七月一日）。

原としては、「じゃあ、どうしたらいいんだ?」でしょう。統制がとれません。元老の伊藤と党人の原では、根本的に政党に対する考え方が違いました。原は、はじめに党ありき。それに対して、伊藤の場合は、政友会総裁でありながら、党はひとつのファクターに過ぎなかったのではないでしょうか。

テツオ・ナジタは「原は、近代日本においてまれにみる有能な政治家であり、伊藤博文と並ぶ卓越した存在である」としつつも、原は政友会を明治憲法体制の中で突出した存在に育てようとしたので、藩閥はもちろん伊藤もついていけなかったのだと評していますテツオ・ナジタ『原敬　政治技術の巨匠』読売選書、一九七四年、五～六頁)。

長きにわたり政権を担当しているうちに政府機関の調整こそが政治だとの感覚に慣れてしまった伊藤と違い、原は強力な政党の重要性を理解していました。

ニコポン桂、伊藤政友会総裁を一本釣り

桂首相と伊藤総裁(元老でもある)との間には妥協ができているので、政府・政友会間に大きな争いはなく、衆議院は初の任期満了総選挙となりました。

選挙は明治三十五(一九〇二)年八月十日に行われました。このとき、原は盛岡から出馬し初当選しています。

盛岡の有権者総数三〇一、得票総数二七二、そのうち原の得票は一七五、対立候補者の得票は九五ですから、圧勝です。しかも選挙中、原は党員の選挙応援のため自分の選挙区にいませんでしたから、余裕の大勝利です。

政友会全体としては、衆議院議員三一六人中、一七五人が当選し、過半数の議席を獲得しました。

さて、日英同盟が結ばれ、「さあ、ロシアの脅威に備えるぞ！」なのですが、掛け声だけではなく、実際に軍拡しなければなりません。金がない日本は増税するしかありませんが、政友会は反対します。

正確には、このとき問題となったのは地租増徴継続案です。かつて第二次山県内閣で通した地租増徴案が五年の時限立法で、その期限が迫っていました。それを「継続」させる案が、このときの「地租増徴継続案」でした。

十二月に議会が召集され、原は予算委員長になりました。ここで政友会は第二党の憲政本党と連携します。伊藤博文と大隈重信、二大政党の党首が珍しく握手して、桂内閣を攻撃している形です。原も譲歩する気などありません。正面衝突し、議会はにっちもさっちもいかなくなります。約一年後には日露開戦の、ロシアの脅威が目前に迫っている時期の予算審議で、延々と揉めてしまいました。

貴族院議長の近衛篤麿《あつまろ》が調停しようとしますが、成功しません。近衛篤麿は、文麿の父

です。支那保全を掲げる東亜同文会を作ったアジア主義者でした。東亜同文会には、前述の司法省法学校での賄征伐で若き原と共に退学になった陸羯南も属しています。近衛篤麿は対外強硬論者でもあるので、伊藤や西園寺とも意見が合わないことが多いのですが、このときは騒ぎを起こすほうではなく、珍しく騒ぎを鎮める側に回っています。

近衛の調停も失敗してしまい、桂は停会中に根回ししますが、うまくいくはずもありません。そこで桂は、この年八月に選挙が終わったばかりですが、衆議院を解散します。解散して、もう一度選挙をしたところで、政友会と憲政本党が勝って出てくることは明らかで、どうせ、また同じことの繰り返しになるだけです。衆議院の第一党・第二党の両方を敵に回して、どんな秘策があったのでしょうか。

それは、政友会総裁である伊藤の一本釣りです。

年が明けて明治三十六（一九〇三）年、桂は、正月にあいさつ回りに来た伊藤を酒に酔わせて、昔話をしながら、最後には平謝りに謝って泣き落とします。伊藤としても、原や、まして大隈などより、幕末維新から共に闘ってきた長州の後輩である桂のほうがかわいいに決まっています。情にほだされて「わかった、わかった。仲良くやろう」と言ってしまいます。大変におもしろいやりとりなのですが、これについては小著『世界一わかりやすい日本憲政史』および『桂太郎』に詳しく書きましたので、フルバージョンで楽しみたい方はそちらをどうぞ。

もちろん、桂と妥協したことを伊藤は誰にも言いません。

解散で時間を稼いだ桂は、逆襲に転じます。財政計画を練り直し、地租増徴継続案を中止し、海軍拡張費には鉄道建設費の充当を決定します。鉄道建設費は公債に。「増税できないのなら鉄道を敷かないぞ」という姿勢です。この間、解散中ですから議会は開かれません。最終的には衆議院が認めないと通らないのですが、そのための秘策が伊藤との密約です。

三月一日、第八回衆議院議員総選挙が行われ、原は二回目の当選を果たします。といっても、このときは対立候補がなく、不戦勝でした。

警視総監の大浦兼武が買収ほか、選挙干渉を行い、政友会撹乱《かくらん》を企てますが、衆議院の議席分布は、ほとんど変わらず、政友会は過半数を獲得しています。政友会の地盤はかなり強固です。

政府の立場からすると「また政友会に過半数を取られた」ですが、政友会側から見ると、「野党のままで権力をふるえないから、勝手に出馬する候補者を止めようがない。乱立に苦しめられながら辛勝した」というところです。

ところで、大浦兼武が政友会つぶしに励むのは、桂と伊藤の密約が警視庁まで降りてきていないからです。原は四月、政府に買収された者が多いとぼやき、政友会撹乱を企てた首謀者四名は除名するなど、強硬策に出ました（『原敬日記』四月十六、十八日）。野党の

統制は今も昔も大変です。桂のほうも部下に勝手に動かれては困るので、伊藤に妥協の内容を公表してくれるよう頼みます。

四月二十一日、桂首相・小村外相・伊藤博文・山県有朋らが、京都の山県の別荘無鄰菴《むりんあん》で会合します。目的は「対ロシア策を協議」ですが、外交問題に関しては政友会総裁である伊藤を元老として呼ぶことができ、桂と伊藤が堂々と会えます。いつも密談ばかりしていて、露見したら目も当てられません。政治では、大義名分が大事です。

そして四日後の二十五日、伊藤が、原・松田など幹部一同を招いて、政府も増税を撤回したのだから、海軍拡張のために鉄道はあきらめ、妥協しようと言い出します。

一同絶句です。

このとき初めて伊藤総裁が桂に籠絡されていたことが判明しました。しかし、原は転んでもタダでは起きません。大隈重信と組んでまで政府に反対していたのに、密かに敵である政府の首領桂と妥協した伊藤総裁は、信頼をなくします。

翌二十六日に、原は党組織改革と引き換えに伊藤の妥協を受け入れます。つまり、原は伊藤の総裁専制体制を終わらせました。伊藤は政府と妥協し、予算を通そうとすることによって、政友会総裁としての実権を失いました。逆に原は、この状況で焼け太りしています。やはりポリティシャンとして、怪物です。この時点でもって、原が政友会の最高実力者になったと評するのが原の伝記の多数意見です。

桂は交渉を通じて、原の実力を認めはじめ、伊東巳代治に「原は実に油断ならない人物だ」と書き送っています（五月十八日付、伊東宛書簡）。

ところで、桂は伊藤さえ押さえればなんとかなると思っていたようですが、そううまくいきませんでした。八百長が機能せず、五月十九日、衆議院特別委員会で地租増徴継続案が否決されます。ここで、原と松田は「伊藤さん次第で、政府と妥協してもいいですよ」と切り出し、二十四日に妥協が成立します。

原はさらに鉄道もあきらめていません。五月三十一日の日記には「自分の主張に基づき政友会より建議した鉄道に関する件、議場を通過した。次の議会に法案を政府より提出するつもりだ」とありますから、増税を葬り去りつつ、バーターで潰された鉄道拡張を復活させています。全然、負けていません。

二転三転ありましたが、議会は海軍拡張計画を通過させて閉会します。

焼け太りする原

かつて自由党を率いていた板垣退助は土佐出身でした。元々の親分である板垣は、政友会創立時に政界を引退し、残った土佐派連中は政友会ではパッとしませんでした。不満のたまっていた土佐派幹部は、政府との妥協をめぐって伊藤に反感を持ち、党を去っていき

ます。

こうして反対派の実力者が出ていってくれたことによって、かえって原の権力は強まりました。

とはいえ、基本的に脱党者が増えるのは党にとっては痛手です。この頃、政友会は、地方の会員に脱会する者が相つぎ、支部解散に至ったところもあります。苦しいながらも原はそうやって反対派を追い出し、自分の権力を確立していきました。

これによって政友会は過半数割れしますが、衆議院第一党であることは変わりません。

六月初旬、原もポーズだけ「辞めさせていただきます」と言っていますが、伊藤総裁の説得で留任します。この辺も落とし所を考えてやっています。

同月十三日、伊藤、原、松田で内談します。西園寺はいません。伊藤が政権を取るのを急ぐなと説くのに対し、原は「閣下は今日まで成功した大業が多いので別に望みもないでしょうが、私のような者はそうではありません。かつ閣下もだんだん老境に入りますので、早く後継者を作らなければ、四分五裂してしまいます」と詰め寄ります。この内談では何も決まらずに終わりました。

そのころ御前会議で対露方針を決めています。伊藤はロシア問題で頭がいっぱいなのに、原は党をどうしてくれるんだと文句をつけるだけです。この辺も両者の意識に大きくズレがあります。

そして七月十三日、伊藤は枢密院議長に就任します。原はこれを山県と桂の陰謀と見抜きました。日記には「憲政のためにはなはだ憂うべきものだ」と憤りを記しています。事実、伊藤博文の枢密院入りは、伊藤の棚上げです。桂は正月に伊藤を一本釣りしましたし、山県は伊藤さえ抜いてしまえば、政友会などガタガタになるだろうと思っていました。

ところがその原日記も十五日と合わせて読めば、山県や桂の思惑の方が外れたとわかります。原は「政府の計略では伊藤を政友会より抜けば、あとは四分五裂と予期していたようだが、動揺なく、彼らの意外とするところだろう。西園寺を後任とすることも速やかに決定。一人の異議者なし」と余裕綽《しゃく》綽《しゃく》に記します。

この過程で得をしたのは、ほかの誰でもない、原です。山県は伊藤が政友会の総裁をしているのが気に入らなくて、伊藤を外したはいいのですが、原が浮上。もっと厄介なのが権力を握ってしまいました。

伊藤の代わりに西園寺が総裁になりましたが、〝空気〟です。そして、伊藤が政友会総裁をやめたころ、意外なことに脱党者が止まりました。もちろん原の統率力の賜物です。

「奉答文事件」に原が協力したか？

この年、明治三十六（一九〇三）年には、日を追って対露関係が緊張するなか、原は何

をしているかというと、何もしていません。しかし、何もしていないことによって、静かに国防に協力しているフシがあります。

十二月十日、帝国議会開院式で、事件が起こります。

開院式には天皇陛下がご出席され、貴衆両院議長が奉答文を読み上げます。ふつうは単なるセレモニーであり、いつも形式的な内容なので、誰も真剣に聞いていません。

ところが、衆議院議長の河野広中が読んだ文章の中に、政府を弾劾する一文が含まれていました。そのため桂は「政府を弾劾するとは何事だ」と衆議院を解散してしまいました。

犯人探しが始まりますが、様々な憶測はあるものの、結局、わからずじまいに終わります。当時から「謎の奉答文事件」と言われていました。

この事件について、十二月十一日の『原敬日記』にも記述があります。

　奉答文決議後、議員は我々領袖が内議して各員に諮らずにこのような突飛な処置をしたのだろうと疑いが湧いたり、再議を唱えるものもある。……河野は一昨日、尾崎行雄、秋山定輔ら三～四人と帝国ホテルに会合したということなので、河野の独断でないことは疑いない。

「いったい誰がやったんだろうか？　犯人はいろいろ想像はつくけれど、何を考えている

んだ」と原はとぼけています。

秋山定輔という代議士の名が挙がっていて、前田蓮山などは事件の張本人を秋山と見ています。ロシアから買収されていたとの噂があった、とも（前田『原敬』、一三二頁）。

なお、翌年開かれた議会の最終日、三月二十九日の『原敬日記』には、「秋山は露探だとの噂があり、議会でも調査したが証拠がない」とあります。

この奉答文事件の翌日に桂が衆議院を解散するのですが、その後、どうなったか。

当時は、次の総選挙まで三ヶ月はかかるので、投票日は翌年の三月です。その間、衆議院議員は存在しません。貴族院も開かれません。

年が明けた一月から、何度も御前会議が開かれ、実際にロシアと戦争をするのか協議されます。そして、ついに二月十日に宣戦布告となります。いよいよ日露戦争です。

つまり、桂は議会に邪魔されずに戦争を始めることができました。なんと都合のいい展開でしょうか。不思議なことがあるものです。

しかも、奉答文決議の様子が日記では伝聞になっていることからもわかるように、事件当日、原敬はその場にいませんでした。偶然にも大阪に出張中です。「事件が起こるときに原は現場にいない」の法則がありますす。この後もしばしば観察されますので、覚えておいてください。

ちなみに奉答文事件について、原は日記でしつこく書いていますが、割愛します。政府

と政友会の談合による陰謀か、原が偶発的事件を利用したか。事件の真相は新史料でも発見されないと永遠の謎ですが、確実に言えることがあります。原が率いる政友会は、桂内閣の推進する日露戦争に協力することで、飛躍的に勢力を拡大します。

日清戦争に協力した板垣退助が原と同じ環境にありながら何もできなかったのとは、大きな違いです。

第三章　日露戦争と桂園時代

――怪物、遂に政権を奪取

絶望的なまでの外交センスの欠如だが、条件闘争の名人

日露戦争とは何だったのか。改めて確認しておきます。

日清戦争は、朝鮮半島の主導権を握る争いでした。古代以来、朝鮮半島の北緯三十九度線より南に敵対的な国が出現したとき、日本の安全は保障されません。だから日本は、朝鮮に影響力を持つ清を追い払いました。

そうしたら朝鮮は、ロシアを宗主国と仰ぎました。ロシアは労せずして朝鮮を属国にし、日本に圧力をかけます。日本は外交交渉で譲歩を重ね、「せめて、三十九度線の南には来ないでくれ」と懇願しますが、大国ロシアは小国日本に聞く耳を持ちません。桂太郎首相と元老ら日本政府首脳は悩みに悩んだ末、超大国のロシアとの決戦を覚悟します。それでも最後の望みをかけて、開戦直前まで和平交渉を行っていました。

ロシアとの緊張の中、解散総選挙が断行され代議士はいなくなりました。その間も桂は目前に迫ったロシアとの戦争に備えています。明治三十六（一九〇三）年十二月二十八日に、戦時大本営条例改正・軍事参議院条例・京釜鉄道速成に関する緊急勅令などが公布されます。議会を解散してしまったので、財政問題に関しては枢密院で緊急勅令を発して対応しています。

会議の模様は原にも伝わっていますが、「元老や軍人らが、大激論しているみたいだが」と、すっかり他人事《ひとごと》です。少なくとも国策に関して邪魔はしていないので、そこは評価すべきかもしれませんが。桂は対露交渉のストレスからか、インフルエンザの高熱でダウンするなど、死にものぐるいで働いています。一方の原は、選挙対策で地方組織を回っています。

年が変わって明治三十七（一九〇四）年一月三十一日には、「伊藤侯を訪ねた。和戦についてはどうですかと尋ねたところ、彼これを予言せずと言った」と同日の日記に記しています。伊藤に「本当に戦争するの？」と聞いています。

二月五日、動員令が下った日の日記には「昨日来時局は切迫し、露国は戦争に決したなどの風聞があり、号外を発する新聞が多い。時局の成り行きに関して政府秘密政略過度の弊で、国民は時局の真相を知らない」とありますが、原自身も知りません。

二月十一日には、「政府は日露協商が成立すると信じていたよう」とまで記しています。また、山県・桂が伊藤・井上を押し切って開戦に踏み切ったとの論評を残しています。本当に何も聞かされていないようです。

今や事実は明らかにされていますが、元老の見解は基本的に全員同じです。誰も好き好んでロシアと戦いたくなどありません。ただ、日本を歯牙にもかけないロシア相手に、話し合いでは済まない。だから、戦うしかない。それでギリギリまで悩んでいたのです。

もっとも、原の関心は内政です。二月二十五日の日記です。

井上（馨）伯を訪問し、その財政案の大要を聞いた。余より「議会はこの時局たとえ政府に不賛成でも戦争には勝たなければならない。我々はその覚悟があるので、政府も議会を強迫しないことを望む。また軍隊輸送はやむを得ないが、なるべく交通の便を計ることが必要である。そうでなければ国家の疲弊が甚だしい。

戦争中でも国民の経済を大事にしてくださいと、しっかり主張しています。さらに同日の続きです。

また財政計画中は滞納者が多い事を考えに置くべきだ」と注意した。談話中に桂首相が来訪し、少し談話した。「交通のことは注意する。……選挙も干渉しない」と言うので、「御用議員金に困っていないのは怪しい」と言ったところ、彼は「決して金銭を恵まず」と言うが、その弁明は充分でない。

原は、戦争に協力してやるから、選挙干渉をやめろと取引を迫っています。と、ここまではいいのですが、翌二十六日の日記は劇的なまでに視野の狭さがうかがわれます。

金子堅太郎が二十四日に米国に赴き、末松謙澄は去十日米国を経て英国に赴いた。皆彼の地において我が国に利益ある輿論を喚起する内命に出るという。……内幕は政府が一人にても政友会より人を殺ぐの魂胆だろう。

セオドア・ルーズベルト大統領と知己の金子堅太郎が米国に行き、イギリス留学経験者の末松謙澄がイギリスに行く。両者とも適任であり、それぞれ日本への同情的世論を得るためによく働きました。それを、原からすれば、「政友会から人を削ぐ魂胆」です。確かに、末松は政友会所属の貴族院議員ですが、未曾有の国難である日露戦争においても、党利党略でしかものを見ないところ、もはや賞賛すべきでしょうか。

三月一日、第九回衆議院議員総選挙が行われました。政友会は過半数を取れませんでしたが、第一党でした。開戦が二月ですから、ロシアと戦争がはじまったとき、原は選挙に熱中していました。ただし、戦後の〝政界再編〟を見据えながら。

原の外交センスは絶望的なまでに欠如していますが、戦争への協力と引き換えに条件闘争をする凄腕の政争家でした。

日露戦争への協力と引き換えに政権奪取

日露戦争で、日本は苦労しながらも戦勝に次ぐ戦勝を重ねます。明治三十七（一九〇四）年十一月二十六日。最後の旅順総攻撃を開始したのと同日、西園寺公望総裁は政友会大会の演説で、さらなる戦費負担を容認しています。

ちなみに日露戦争中の二年間は増税につぐ増税で国民生活に負担がかかったのですが、選挙資格が納税額で決まっていたので有権者が二倍以上も増えました。明治三十三（一九〇〇）年の選挙法改正で直接国税を十円以上納めた国民が選挙権を持つことになり、その当時の有権者数は七十六万人でしたが、明治四十一（一九〇八）年の選挙では一五八万人です。戦時中の増税が如何にすさまじかったか。

十二月五日に二〇三高地が陥落し、その三日後、桂と原の秘密交渉がはじまります。桂は、「戦時中は内閣組織を変えない。戦後、桂が首相に留まるならば政友会と提携する。退く場合は西園寺を総理に推薦する」と言いだし、原は了承しました。

政友会で密約の内容を知る者は、原のほかは西園寺と松田正久だけです。政府側も山本権兵衛海相と曽禰荒助蔵相だけしか共有していません。桂は山県にも伏せています。

第一世代の元老を外し、第二世代の桂と西園寺の提携が進み、後に桂園時代と呼ばれま

す。実際には公家の西園寺に代わり、厳しい鍔迫《つばぜ》り合いを引き受けたのが、原です。実態は「桂原時代」でした。

明治三十八（一九〇五）年三月、帝国陸軍は奉天会戦に勝利します。原は伊藤を訪ね、「戦争に勝利しているが、長期戦には堪えられません。適当の地に退いて守ることが必要です」などと、当たり前のことを言っています（『原敬日記』三月九日）。原に言われるまでもなく、このときの元老会議は、引き際を探っています。

四月十六日、桂と原の二回目の密談が行われます。このときの原は「どんな条件で戦争を休止しても国民の多数は満足しない」との現実を突きつけます。そして「その際に政府と連立するなどの関係になければ政友会は国民の声に雷同するほかない。国家としてはそのような事態は不利」であると畳みかけます。

対する桂は、「今日の情態は君の言う通りだ。この上進めることは利益がない。自分一身は犠牲に供する覚悟ができている。自分は戦後経営の案で退きたい。その際には西園寺を奏薦したい。ただし、西園寺が政党内閣を作ることは不可だ。それ以外も集めたほうがいい。井上、伊藤には話してある。山県にはまだだが、異論はないだろう」などと切り札を出しました。

連戦連勝に世論は沸き返っていました。ただし、既に一年以上に及ぶ戦いと相次ぐ増税で、国民の我慢は限界に来ています。多額の賠償金や領土を取らねば納得しない環境です

が、それを持ち出せばロシアは和平に応じません。そもそも、陸では押し返しましたが、海ではバルチック艦隊の行方を必死に追い求めている最中なのです。だから原は、世論は自分たちが抑え議会で協力するので、政権を寄越せと迫っているのです。桂も政党嫌いの山県は抑えると取引を持ち掛けています。

原との密談を踏まえた上で、五日後に桂は閣議で講和条件を決定しています。そして五月末、日本海海戦でバルチック艦隊を全滅させました。ようやく講和への道が開かれました。そして八月、いよいよ日露講和会議がポーツマスで開かれます。

八月十四日、桂と原は三回目の密談を行います。辞職の時期についてすり合わせです。原は政権授受の時期は桂に任せ、講和条約がどんな内容でも賛成すると約束します。桂が時期は西園寺の都合に合わせると答えるや、原は議会第二党の進歩党と連立しないと明言します。そのときに、「反対党があるのも国家のためだから」とまで付言して。

この息詰まる攻防には、解説が必要でしょう。

時期は、講和直後に花道退陣か、議会で予算を通してから引くかで、話し合われています。戦争が終わると、各省庁から「これまで戦時下だから」と我慢していた予算要求が一斉に噴き出すのは目に見えています。事実、そうなりました。つまり、原としては「すぐやめるか、それとも、もう少し時間が経過するなら、〝お土産〟をつけろよ」と駆け引きをしているのです。

そこで桂は政友会に判断を委ね、出方を見ました。原からしたら、政権が転がり込むなら、どちらでも構いません。二人は花道退陣で合意します。そして、桂系の官僚と議会第一党である政友会の同盟——常に緊張関係のある——を合意したのです。野党は排除、そして第一世代の元老に対しても時に手を取って対峙するとの意味です。これこそ、原が狙っていた〝政界再編〟です。

桂内閣は既に四年以上。大業をやり遂げた桂は、退陣にめどをつけるや、対外関係に道筋を付けます。七月二十九日には桂タフト協定、八月十二日には第二次日英同盟協約調印など、です。アメリカやイギリスとの協調関係で戦後秩序を維持しようと考えたのです。政権交代しても、おかしなことにならないように。

原も、これは邪魔しません。

日露戦争中の原は、国家の舵取りに関わるようなことは何もしていません。逆に、何もしないで邪魔しないこと自体が、政権授受への見返りです。

たとえば、講和条約調印の四日前、九月一日に進歩党の犬養毅らが政友会の松田正久に政府攻撃の提携を申し込んできますが、「慎重に考えたい」と確約は与えませんでした。

政友会では西園寺・原・松田がトリオを組んでいるのですが、松田は自由民権以来の党人政治家なので、内外の政党人を相手にするのは、原より十歳ほど年上の松田の役割です。言い換えれば、気をもたせる役が松田です。

原は衆議院第一党の強みを自覚しています。だから、第二党と組んでの倒閣運動などしません。やるぞやるぞと見せかけて無言のうちに圧力をかけ、同時に桂に対して「国家的見地から戦争の遂行の邪魔をしなかった」と筋を通したことになります。

そして、翌二日に西園寺は演説します。内容は、「戦争目的は達したのだから、樺太の一部しかとれないとか、賠償金がないとか、そんなことを言うべきでない」と、いちおう外務大臣経験者として、まともなことを言っています。

政友会、日比谷焼き討ち事件に加担せず

日露戦争において、原敬率いる政友会が最も国家に貢献したのは、日比谷焼き討ち事件に加担しなかったことです。

日露講和条約（ポーツマス条約）が調印された九月五日、日比谷焼き討ち事件が起こります。日本軍の厳しい現状を知らされず、苦しい増税に耐え、戦意高揚のため大勝利ばかり聞かされていた国民は賠償金のない講和条件に怒りを爆発させたのです。

しかし、密約がありますから、政友会は講和反対運動に与しません。そして、この日、原は盛岡にいます。

周囲は密談の存在を知らないので、九月十八日には進歩党からも伊藤を担いで内閣を組

織しようとか、政友会・進歩党の合併をなどの提案を受けますが、原は断ります。

十月には、政友会内部から突き上げられ、党幹部や代議士から西園寺や原に政府の責任を追及することを要求されますが、原は無視。こういうときは松田の出番です。政府と交渉するのが原で、党を収めるのが松田という役割分担ができています。それでもいうことを聞かない者は金を配って黙らせ、それでもダメならヤクザ（時に院外団と称する）を使って脅します。先代実力者の星亨がさんざん使った手段を、原も駆使しました。

十月六日、原と桂は首相官邸で内談し、桂は通常国会前に辞職することで正式に合意しました。日比谷焼き討ち事件の責任をとって辞めたことにしたくないのです。

もう山県にも話さないといけません。はずされていた山県は、激怒します。桂は狼狽の体でした。しかし、山県の顔を立てる演技です。最初から山県を外すことを狙って、原と手を組んだのですから。

それはそうと、原の私生活にも変化が起きます。もともとうまくいっていなかった妻貞子と別れます。十二月十七日の日記です。

　去〔明治〕二十九年朝鮮より帰朝後別居し、籍は抜いていなかったが、……本人悔悟と聞き、幼年より嫁いできた者でもあるし三十二年に呼び戻し、これに関する日記も抹殺したが……

何が書いてあったかは永遠の謎です。なお、この日の日記の続きです。

行いは次第に元通り〔悪く〕なった上、余が東北巡回している間に他人の子を宿し五ヶ月と聞き、到底捨て置くことはできなくなった。余が知らない体をしていたら、本人は発覚していないものと信じ、その不行跡を蔽《おお》うべく保養に赴いたので、書面で離婚を求めた。

原の家庭生活は、不幸でした。

さて、政治状況ですが、政権禅譲で桂が負けかといえば、そうでもありません。桂は、組閣に「助言」と称して干渉します。西園寺も、盟友関係を結んだ桂の「助言」を尊重します。

十二月十七日、原と桂が会見し、政権授受の方法を確認します。桂は、西園寺が各元老の意思を確かめること、寺内陸相は山県の手を経て留任させること、山本海相には直接面談して後任者を定めること、貴族院を無視しないこと、政友会内閣を標榜しないことなどを要求します。桂も桂で、政権を売り飛ばす以上、できるだけ高く売ろうとしていました。

第一次西園寺内閣、組閣

十二月二十日、桂が西園寺を首相に奏薦します。元老会議を開いて決めるようにとの明治天皇の意向を、桂が押し切りました（小林道彦『桂太郎』一九六頁）。もっとも、元老会議が別の人物を推薦しても、桂と西園寺の「同盟」を敵に回しては政権を維持できませんが。

ここから組閣が始まります。原は加藤高明に外相としての入閣を打診します。同日の日記には「彼は案外幼稚な思想の人にて、世間が思う程の政事家ではない。言うことが時勢に適さない」などと、陰口放題です。ただしこの陰口は、すぐに後述するように、かなり正当です。

結局のところ、第一次西園寺内閣の閣僚は次のようになりました。

総理大臣　西園寺公望
外務大臣　加藤高明→西園寺公望→林董→西園寺公望
内務大臣　原敬
大蔵大臣　阪谷芳郎→松田正久

陸軍大臣　寺内正毅
海軍大臣　斎藤実
司法大臣　松田正久→千家尊福
文部大臣　西園寺公望→牧野伸顕
農商務大臣　松岡康毅
逓信大臣　山県伊三郎→原敬→堀田正養

桂の「政党内閣を名乗るな」との希望どおり、政友会の閣僚は原内務大臣と松田司法大臣だけです。他は藩閥官僚です。ただ、このときの政友会には、西園寺・原・松田の三人以外に大臣が務まるような人材がまだまだいないのです。だから桂の「助言」は政友会にとって渡りに船でした。原としても実力の伴わない代議士たちが「俺も大臣になりたい」などと「大臣病」にかかっては統率に困りますから、容認しているのです。

日露戦争が終わったばかりのこの時期、最大の課題は財政問題です。戦争で財政が逼迫しているのに、賠償金が取れませんでした。借金財政を抱えながら、すべての役所が、戦時中に抑えていた予算請求を復活させます。ロシアに勝ったとはいえ、ロシアの脅威が全然なくなったわけではない。むしろ、その復讐戦を恐れなければならない状況で、軍備もおろそかにできない。実際、陸軍も海軍も他に予算をとられてたまるかと必死です。そし

て、政友会は鉄道を敷きたい。

十二月二十六日の『原敬日記』によると、松方正義に相談に行ったら、阪谷のことを「不可とはしなかったが、知恵もないくせにえらがるなどと冷評」と、財政問題が重要なときに、次官から昇格させた大臣でいいのかと嫌味を残しています。この時代、大蔵省マターは井上馨と松方正義、二人の大御所の意見を聞かなければなりませんでした。しかも、現実離れした緊縮財政を言いだします。そこで前首相の桂太郎がちょこまかと動き回り、調整します。

こうした状況で原の本音は「鉄道を敷きたい！」です。鉄道を選挙区に誘致して代議士の地盤を固めるのが政友会の必勝パターンです。昭和の田中角栄がやったことの原型です。

桂太郎と桂園時代をつくった西園寺公望

原の、陸海軍や他省庁を押さえつけて、政友会の権力を強固にするための戦いが始まります。

翌明治三十九（一九〇六）年一月、原は黒紋付で内務省に初登庁します。洋装が普通だったので、驚かれました。大臣

室に入った原内相就任第一の訪問者は床次竹二郎でした。当時は秋田県知事でしたが、初対面の大臣に「中央へ呼んでほしい」と自薦します。

「自分は薩摩の者だが、いまだかつて郷里の先輩に一身上のことを頼んだこともなければ、その門をくぐったこともない」と語り、藩閥との距離をアピールしました。そんな床次を気に入ったのか、原は「しばらく東京に滞在してくれたまえ」と即答しました（村瀬信一『首相になれなかった男たち』吉川弘文館、二〇一四年）。

十七日、さっそく床次は地方局長に任じられます。原は山県閥の牙城である内務省制圧の先兵として床次を選び、期待に応えた床次はやがて「政友会の嫡子」へと登り詰めます。

明治三十九（一九〇六）年四月、原は幹部の面接を行いました。地方長官に意見を文書で提出させ、面と向かって質問し説明を求めたら、案の定、多くが原の質問に答えられません。原は自分の仕事をわかっていない老朽知事を淘汰します。異動総数七十五人、新進有為の事務官を引き上げました。

なお、この地方官更迭に当たって、原は情実人事を排し、郡長に高文試験合格者若手を採用します。これによって原敬の兄も郡長を失職してしまいました（前田『原敬』、一四一頁）。

こういう私心の無さをアピールするところが、尊敬されました。

郡制廃止問題、山県の牙城に切り込む原

ところで、西園寺内閣がスタートした翌二月二十八日、鉄道国有化問題で突如、加藤外相が辞表を提出します。

なぜ外務大臣が鉄道問題で辞表を提出するのでしょうか。まったくの所管外です。加藤高明は岩崎弥太郎の長女と結婚しており、三菱の娘婿なのです。加藤は「国有化に反対なのではなく、強制的買収を不可とし、同意せず」（『原敬日記』二月十九日）などいろいろ言っていますが、要するに鉄道で儲けてきた三菱が困るので反対なのです。

原にとっても鉄道は命です。所管外の鉄道問題で喧嘩を売ってきた加藤を、原は死ぬまで許しませんでした。

加藤高明のモットーは「一に三菱、二に外務省、三四がなくて、五番目にやっと憲政の常道」です。加藤の伝記では「加藤は三菱の利益の為に動く男ではない」と書かれるのが常ですが、大人は誰も信じない話です。

結局、加藤辞職後の翌三月末には鉄道国有法案が衆議院・貴族院を通過し可決します。ちなみに衆議院は討論無しの採決で、激昂した野党や院外団が暴れだし、乱闘国会となりました。

原は鉄道利権の掌握と同時並行で、山県閥の切り崩しに挑んでいます。

　三月三日、政府は郡制廃止法案を衆議院に提出しました。郡制は、かつて明治二十三年に第一次山県内閣のとき公布された制度です。山県閥の牙城と化していました。

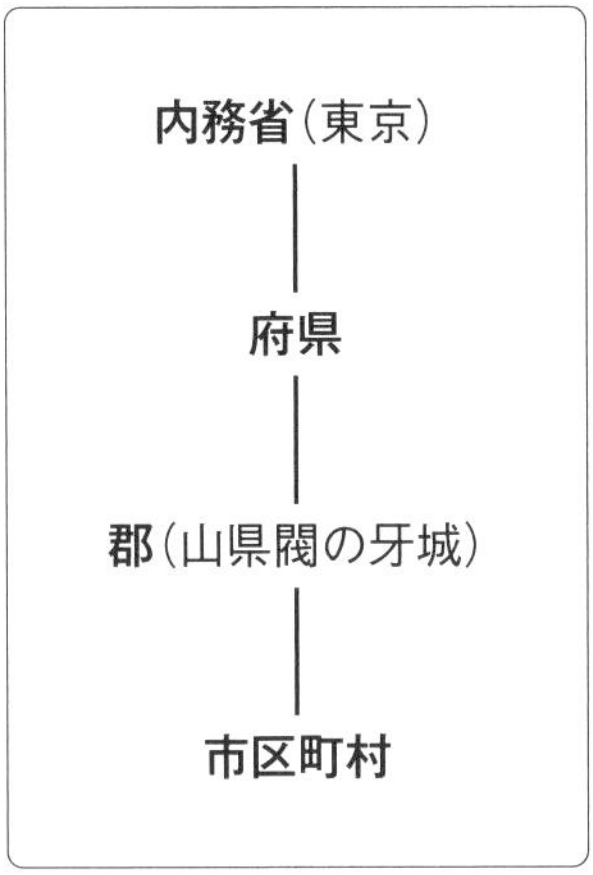

　市区町村は、図のような上下関係にありました。当時「郡」はなく、日本は東京府・大阪府・京都府の三府および四十二県、そして特別枠の沖縄県と北海道からなっていました。
　当時の「郡」は現在の郡とは異なり、府県と市区町村の間にある行政組織でした。民主的に運営される地方自治体ではなく、郡長もその部下も中央政府から派遣された官僚です。原はこれを廃止しようとしました。
　もともとは「郡」にも意味がありました。明治維新後、新政府の支配を強化するためです。幕藩体制を消滅させ、全国一律、戸籍を定め、年貢に代わる新たな収税システムを作りあげるために、きめ細かい対応が必要でした。知事には内務省の部長級官僚が、「郡」にはその手足となって働く人たちが派遣されました。末端まで支配しようと区画割りして、

治めさせたのです。

しかし、明治維新からほぼ四十年、西南戦争から約三十年。日清・日露戦争に勝利し、世界の一等国になった日本にとって「郡」は、まったくの無用の長物と成り果てていました。地方官もこんなものいらないと思っていたようで、前内閣の児玉源太郎内相時代に地方長官に郡制の存廃について意見を聞いたところ四、五名を除いて廃止に賛成、原のときも反対は二名だけでした（山本『原敬』九十一頁）。

はっきり言って、もはや「郡」は山県有朋の支配の道具にすぎないのです。「郡」の役人は選挙のたびに、山県の敵つまり政党の邪魔をしに来ます。だから、原はこれを廃止したいのです。

提出された郡制廃止法案は、衆議院では三月十七日に可決しますが、貴族院で審議未了となりました。そして、年末に第二十三議会が開かれると、原は再び郡制廃止案を提出します。翌明治四十（一九〇七）年三月二日、衆議院は通過するのですが、二十一日、またもや貴族院で否決されます。同じことの繰り返しで、原は郡を廃止できず、結局、何も変わっていないように見えますが、このとき貴族院では賛成一〇八票、反対一四九票と、予想以上に多い賛成票に山県は驚愕し、原を強敵と認識します。法案そのものの採決では負けながら、原は貴族院に勢力を伸ばしたのです。原の狙いはここで、たとえ戦術的に負けても貴族院を侵略することが戦略的勝利なのです。山県閥の衰退を印象付け、事実上の勝

利とすら目されました。

なお、十四年後の大正十（一九二一）年、原内閣のもとで郡制廃止法案は両院を通過し、公布されることになります。原自身が暗殺される年、そして、山県有朋が亡くなる前年のことでした。

数々の歴史的大事件と「桂原時代」の本質

加藤外相の後任に、原は内田康哉を推薦し、西園寺首相は賛成しました。しかし、山県の賛同が得られず、伊藤や井上も含めて合意した林董駐英大使が登用されます（『原敬日記』明治三十九年五月二十五日）。ちなみに、内田は原の腹心となる人物、林はロンドンで日英同盟をまとめ上げた実力外交官です。

ところで、そのころ。元妻・貞子が子どもを産んでいます。五月六日の『原敬日記』です。


貞子は離別後三浦三崎にいる。同所で女子を分娩したが情夫の胤にして余の子にあらず。先頃帰京し、去る二十六日は突然〔芝〕公園の自宅に来た由だが謝絶して入れなかった。……本日より本人所有物その他送付取り計らった。私生児に関して本人よ

り一書を取り置いた。本人に支給すべき金員等に関しては本田親雄まで申し送った。本人不行跡のため離別したが、いわゆるその罪を悪んでその人を悪まざるの方針を取り、できるだけ仁慈の所為に出ることを努めるつもりである。

離縁した後、女の子を産んだが、オレの子じゃないと。でも恩人の娘ですし、その後も生活の面倒はみたようです。原もお妾さんがいたのですから、どっちもどっちですが。

年末は翌年の明治四十（一九〇七）年度予算をめぐって議論が紛糾します。阪谷蔵相と寺内陸相・斎藤海相が対立します。首相の西園寺はオロオロするばかりで、辞職すると言い出す始末です。そこで、寺内や阪谷を説得しに動いたのは、桂でした。その結果、寺内は三個師団増設要求をあきらめ二個師団増設にし、年一〇〇〇万円で経常費を支出するとともに、陸軍のやりくりで臨時費二〇〇〇万円を拠出するという妥協案を申し出、阪谷も応じます。

懸命に閣内を妥協させるために走り回ってくれた桂に対して、原も感謝しています。腹に一物あろうが何だろうが、政友会の内閣を支えてくれているので。一方で、総裁の西園寺に対しては、「余の西園寺を助けること一日にあらず。それなのに彼はかつて陸奥伯の評したとおり単純で不熱心かつ周到の意思なく、骨の折れること限りなし。その割に余の尽力を認めているようには思われず、呆れ返る」と憤懣やるかたないようです（『原敬日

記』明治四十年一月十三日)。
ここは原に同情します。政友会総裁の西園寺が無能でこれといった働きなく、いつ敵に回るかわからない桂を頼りにせざるを得ない現状ですから。そして、西園寺とは正反対に桂は首相でなくなっても、政務に関わる気満々です。

この明治四十(一九〇七)年は日本外交史上そして世界史的にも重要な年です。

六月十日　日仏協約調印。
七月三日　ハーグ密使事件(韓国皇帝がオランダで開かれたハーグ平和会議へ独立回復を提訴する密使を送ったが会議参加を拒絶される)。
ハーグ会議自体は国際法の進展に大きく寄与。
　十九日　韓国高宗が退位し、皇太子が即位。
　二十四日　第三次日韓協約(韓国の内政権・統帥権を掌握)。
　三十日　第一次日露協約調印(日本は南満洲、ロシアは北満洲における利益範囲を協定。日本の韓国、ロシアの外蒙古に関する特殊権益を認めた)。
八月三十一日　英露協商締結。……日英同盟と露仏同盟が結びつく。

これらについて原日記はほとんど記すところがありません。外交官出身とは思われない関心のなさです。

ここに「桂原時代」の奇妙な同盟の本質が現れています。桂は、議会対策で政権を政友会に一時的に渡しています。しかし、政友会内閣が対外方針を誤らないように監視しています。辞め際に英米協調を軸とした条約を結んだのもそうですし、日英同盟と露仏同盟が組んで日本の安全を保障しようとの大局観で動いています。

一方の原は党勢拡大にしか興味がありません。「この時の原が内務大臣だから」は理由になりません。大久保利通内務卿以来、外交に見識があり実力者である内務大臣は、国家の重大事である外交問題の決定には意見を求められていますから。ここまで見たように、原の外交観は平凡以下です。そして本人も外政には興味が無く、口出ししません。

ここに原と桂の二人の利害は奇妙に一致し、同盟は続いたのです。

ところで、教科書には出てこないので知られていませんが、この年九月十二日に公示された軍令第一号が、実は重要です。

遡ること七ヶ月前、同年二月一日に公式令《こうしきれい》が制定されました。伊藤博文が文書規則を整理して、公式令を作ったのです。この公式令によって陸海軍大臣や外務大臣は、秘密事項に関しても総理大臣ほか他の閣僚に文書を閲覧させなければならなくなりました。ところが、軍事機密に関しては他の大臣に閲覧させなくてよいという規定を、軍令で定めたので

す。大日本帝国の歴史を通じて陸海軍が共闘することはめったにないのですが、このときばかりは両者が手を組んで、軍令の件を制定しました。

「軍令」は命令の一種で、現代の政令のようなものです。しかも、「軍令第一号は軍令を定める」です。つまり、別の法律によって軍令が定まったのではなく、軍令によって軍令を定めました。当然、伊藤は怒ります。しかし、山県は「政党政治家に軍事機密を見せても良いのか!?」と押し切りました。

大日本帝国はシビリアンコントロールがまったくできていなかった点が批判されますが、その原点がここです。その意味で、この軍令の件は大事件です。

なお、桂太郎は、実は、軍部大臣文官制を考えていましたが、実現する前に死んでしまいました。

この件について原は蚊帳の外で、西園寺から「この拡張の企図は陸軍が張本であって海軍はそのような悪計はなかった」と聞かされています（『原敬日記』九月十日）。

山県有朋は日本で最初にコミンテルンの策動に気付いた!?

現代日本が「国の借金一千兆円」と言っても、政府が国民から借りているお金です。しかも管理通貨制ですから、究極的には政府が日銀にお札を刷らせて国民に借金を返しても

よいのです。言ってしまえば、政府が日銀にお札を刷らせて借りて踏み倒しても構わないのが、管理通貨制です。

一方、当時の日本は金本位制で、政府が保有する金（ゴールド）の量しか、お札を刷れません。さらに外国からの借金ですから、返さなければなりません。この時代、借金を返せなければ、侵略されても文句を言えない時代です。つまり、本物の借金なのです。

明治四十年末、西園寺内閣は増税を決意します。そして、この年は、世界的な恐慌に襲われました。恐慌は日本経済を直撃しました。井上馨は、軍事費の大幅な繰り延べによる財政基盤の強化を政府に迫りましたが、山県は反対で、西園寺内閣に増税を実行させようとしました。事態を収拾したのは桂です。陸海軍、政友会三者間の調停に奔走し、軍事費の繰り延べと引き換えに明治四十一年度から部分的な増税に踏み切りました。陸軍は三年で六〇〇〇万円、海軍は六年で五二〇〇万円を繰り延べ、増税は酒・砂糖・石油に限定されました。

これで予算問題は一件落着かと思いきや、鉄道予算問題で蔵相と逓相が対立し、翌明治四十一（一九〇八）年一月十三日、西園寺首相が辞表を出します。しかし、天皇に容れられず、翌十四日、阪谷蔵相と山県伊三郎逓相が辞任します。代わりに蔵相を松田、逓相を原が一時的に兼任します。逓相には三月に貴族院議員の堀田正養が就きますが、蔵相は第一次西園寺内閣の最後まで、そのまま松田が務めます。

西園寺内閣は、なけなしの予算の奪い合いを捌きながら、なんとか運営しています。このころ、原は二度目の結婚をしています。『日記』です。

一月十四日　昨日、浅入籍して正妻とする届けを盛岡に送った。昨年末、母上はじめ兄弟親族みな異議なく、ことに兄嫁昨年末上京の際、国許の意思をもってこれを勧めた。本人は無教育で到底その位置に上るべき者にあらずと固く辞したが、一同これを容れず、強いて承諾させた。本人は余を助けること、すでに十五年の久しきを経ている。

貞子と離縁した原は、お妾さんであった浅を入籍します。今度の結婚は成功しました。それはさておき、この頃から元老や山県系官僚の中に西園寺内閣を交代させる動きが生じてきます。寺内陸相を辞任させることで内閣倒壊を図ろうという倒閣計画もありましたが、実現はしませんでした（宇野『桂太郎』一七〇頁）。

また、明治四十一年一月二十二日、大同倶楽部が増税を理由に内閣不信任案を提出しますが、否決します。野党が何をやろうが、圧倒的第一党の政友会には関係ありません。ただし、このときの評決は僅差の、一六八対一七七でした。原は裏に山県と桂の陰謀を疑っていました。

しかし、議会対策は原の独壇場です。衆議院を防衛するばかりでなく、貴族院にも手を突っ込み、政友会の同調勢力を広げようとするくらいです。政友会は、増税の強行突破に成功しました。

そして五月十五日、第十回衆議院議員総選挙が行われました。増税にもかかわらず、政友会は過半数を獲得します。政友会の一党優位は変わりません。

これは山県らも織り込み済みです。選挙で政権を倒そうなど、端《はな》から考えていません。六月二十三日、原は徳大寺実則侍従長より、山県がとんでもない奏上をしたことについて耳にします。

本日参内し、親しく〔徳大寺〕侍従長と内談した。徳大寺によれば「山県が陛下に社会党取締の不完全な事を奏上したので、陛下はご心配なさっている。……山県は他人の取締が不十分だと言うが、自らこれをなすわけでもない」と徳大寺も山県の処置を非難する語気があった。徳大寺のような温厚な人の口からこのような言を聞くとは意外だ。……山県の陰険な事は今更驚かないが、畢竟現内閣を動かそうとして成功しないことに煩悶し、此奸手段に出たのだろう。そのくせ余が去る一日大磯に赴くとき新橋より大磯まで同車し絶えず談話したのに、一言も政事談をしなかった。無論社会党にも言及しなかった。彼の性行は常にこのようである。

徳大寺は西園寺公望の実兄ですが、公望が西園寺家に養子に行ったので姓が異なっています。兄から山県の陰謀を聞かされた西園寺は政権に嫌気がさして、「病気名目でやめる」と言い出します。しかし、原と松田が「選挙で勝った内閣が議会を開かずに辞めるのは非立憲的」と説得し、ひとまず踏みとどまります。なお、ここの「非立憲」も「政友会のためにならない」と読み替えて結構です。

ところが西園寺は嫌気がさしています。原は二十九日の日記で、「西園寺は四面より辞職を促されたようだ。余に内話あれば余は相当の処置も取り得たのに、彼はなぜか余に漏らさず」と嘆いています。当然、原に言ったら止められるに決まっていますから、言わなかったのでしょう。

なお、西園寺が辞めなければ、山県は寺内陸相を引き上げて倒閣を図る気でした。しかし、寺内は自分が張本人となって倒閣するのを嫌がって逃げていたら、西園寺の方が先に辞意を漏らしたとのことです。山県は「現政府が忠君の念に乏しき」とまで内奏したとの話が、原にも伝わっています(『原敬日記』七月二日)。

原の制止もむなしく、西園寺は七月四日に辞任し、桂を後任に推挙しました。

当時は第一次西園寺内閣が、選挙で勝った直後であるのに、なぜ崩壊してしまったのか、その真相は公にされていませんでした。「病気」はいつでも使える辞任の理由ですから。

ところで、社会主義者の取り調べが甘いという山県の危機意識は、正確でした。

教科書には「片山潜・幸徳秋水らが一九〇一年に日本最初の社会主義政党である社会民主党を結成したが、政府は結党直後にその結社を禁止した」などと短くまとめられています。片山潜は実は大変な大物で、アメリカ共産党やメキシコ共産党の創設にも関わっています。最後はモスクワで病死しますが、ソ連で国葬となり、スターリンやクン・ベーラ（ハンガリーの独裁者）らが棺に付き添いました。しかも日本人でありながら、その後、ソ連で切手になっています（内藤陽介『みんな大好き陰謀論』ビジネス社、二〇二〇年、一八八頁）。

その片山が日本で社会党を結党しました。二十世紀、ソ連のスパイ機関であるコミンテルンは、世界中で策動を行いました。片山は、まさにコミンテルンの先駆けです。

警戒を強めた山県は慧眼です。ただし、問題はそれを倒閣の陰謀にしか利用していないことでした。耄碌《もうろく》しすぎとしか言いようがありません。

洋行――媚米主義の原点

七月十四日、第二次桂内閣が誕生しました。

原はこの機会に外遊に出ることにしました。西園寺は止めましたが、原は無視です。

主要国のGDP水準の推移

（米国ドル2011年価格、10億ドル）

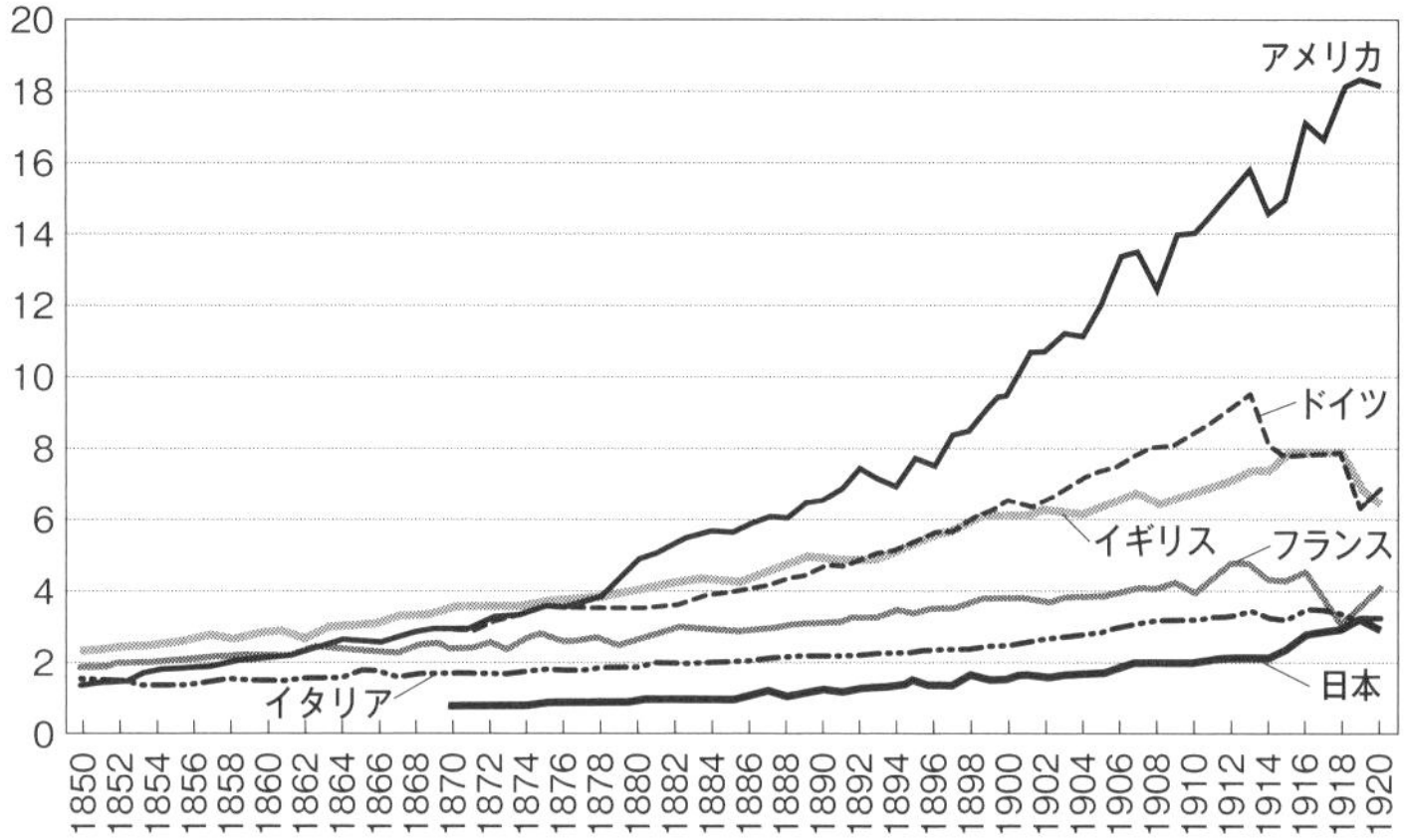

注：この図に用いている各国の実質GDPは、MPD2018におけるcgdpnapc（国際比較用に作成された１人当たり実質GDP）にpop（人口）を乗じて求めたものである。
出所：University of Groningen, Maddison Project Database 2018
日本経済研究センター https://www.jcer.or.jp/j-column/column-saito/20181120.html

当時は今のように飛行機がないので、外国に行くとなると船旅で時間がかかります。それで、時間ができたときに行く場合が多いのです。原はアメリカ、そしてヨーロッパへも渡るのですが、とくにアメリカで見た光景が、その後の外交姿勢を決める決定的な経験となります。

外遊に関しては浅の勧めもあったようです。先妻の貞子と違って、浅は賢夫人として書かれています（『原敬日記』七月十七日）。

八月二十四日に原は出発し、九月四日にカナダのバンクーバーに到着。十月初旬まで北米各地を廻り、九月二十八日にはセオドア・

ルーズベルト大統領に会っています。サンフランシスコは肺炎が多い土地だとか、モルモン教は世間が言うほど悪い宗教ではないとか、ちょっとおもしろいけれども、比較的どうでもいい記述が多いですが、新興国アメリカの勢いをまざまざと見た原敬は帰国した日の日記に「米国は経済不況というも全国活動している。将来恐るべきはこの国だろう」と記しています（『原敬日記』明治四十二年二月二十日）。

一九〇八年当時のアメリカは、すでにＧＤＰ（国内総生産）世界第一位の経済大国でした。ちなみに第二位はドイツ、第三位がイギリスです。アメリカはいまだ軍事では劣るにしても、経済に関してはとっくに英独を抜いていました。

明治四十二（一九〇九）年二月末に帰国した原は、四月七日には桂を訪問し、「政権を譲ってくれ」と要求します。

原が外遊中の前年末から議会が開かれていて、桂は政友会と予算折衝を行っていたのですが、官吏増報と地租軽減をめぐって、双方の意見が対立しました。結局、原の帰国前に妥協は成立していたのですが、桂としては政友会に不信感を抱えます。彼らを抑えるには、やっぱり最大実力者の原と話さなければダメだとして開かれたのが、この会談です。

この日の会談では、腹の探り合いに終始しました。

ただ、桂は原に協力を求めつつ、自分の傘下の貴族院の引き締めに躍起です。貴族院の

最大会派である研究会から、堀田正養を除名させました。堀田は前の西園寺内閣に逓信大臣で入閣しています。桂はこの日の会談で原に事情を説明し仁義を切っていますが、一本釣りされた堀田を見せしめにしているのです。貴族院は桂、衆議院は原、お互いの縄張りを荒らさない協調関係を求めてきたのでした。

韓国併合よりも日糖事件や我田引鉄の方が重要問題

六月三日、原は朝鮮統監辞任が確定した伊藤博文を訪ねました。原は、山県や桂が明治天皇の信任が厚い伊藤を遠ざけようと、老齢の伊藤を朝鮮に追いやったと観察していました。同日の日記によると、伊藤は昔話を繰り返しました。「大隈が国会開設を明治十四年に唱え、何の準備もなく国会を召集することはできないので、大隈を辞めさせた」とか、板垣ら自由民権派について「彼ら憲政の何物たるを知らず」とか、大久保利通や岩倉具視に信頼された話、「宮内省改革は困難だった」などと思い出ばなしを繰り返し、なにやら物悲しい空気が流れています。

この四ヶ月後の十月二十六日、伊藤はハルビンで射殺されてしまいます。

筆頭元老は山県になりますが、元老たちの力自体が落ちています。原によれば、山県は無責任、松方は耄碌、井上は病身です。そして、西園寺と桂は「君と僕とで国家を背負っ

て立とうではないか」と意気投合したとか（『原敬日記』十一月九日）。

ちなみに伊藤死後に日韓併合論が高まりますが、原は消極的です。もっとも、朝鮮は実質的に日本の勢力圏（＝持ち物）なので、形式的に併合するかどうかはルーティンワークでしたから、当時の日本にとって重要問題ではないのですが。

それより、明治四十二（一九〇九）年の日本政界を騒がせたのは、日糖疑獄事件です。

日糖疑獄事件とは、国内砂糖業界の最大手だった大日本製糖株式会社が、自社に有利な法律の延長を求めて政治家に賄賂を贈った事件です。四月十一日、最初の検挙が始まります。日糖事件では政友会の代議士も取り調べを受け、有罪となっています。

原も最初は余裕綽々でしたが、検察の捜査が進み、裁判所が次々と有罪判決を出すと、危機感を募らせます。特に検察の取り調べで自分の名前が出たことで、即座に戦闘態勢に入ります（『原敬日記』七月六日）。裁判所が検察の言いなりに有罪判決を出す現状を、問題視しました。

それまで司法省は二線級の官庁でした。明治初年から多くの汚職がありながら、新政府建設の大義が優先され、大物政治家の検挙は抑え込まれました。しかし、国家目標を達成した日露戦争後は、司法省（の特に検事局）は自己主張を始めたのです。砂糖業界の汚職は石油業界にまで及びそうになりましたが、それは首相の桂が松室致検事総長（後に第三次桂内閣法相）や平沼騏一郎民刑局長を説得して抑えました。

検察が厳密に汚職を追及し始めたら、政治家などいなくなります。人の世が利害関係で動いている以上、正義を追求する検察は矛盾の存在なのです（日糖事件に限らず、今日の検察庁に至る通史は、小著『検証　検察庁の近現代史』光文社、二〇一八年を参照）。

いずれにせよ、原は検察が事実上握っている司法権を脅威と感じ、後に陪審法の設置に邁進する端緒となります（三谷太一郎『増補　政治制度としての陪審制――近代日本の司法権と政治』東京大学出版会、二〇一三年増補版。初版は二〇〇一年）。

それはそうと、十二月二十四日からの議会は、官吏増俸案で揉めます。桂内閣が三割増を提案すると、政友会は増俸を削減し、地租を一分減らすことを主張して、対立しました。結局、翌年明治四十四（一九一一）年二月に官吏増俸二割五分、地租八厘減で妥協が成立しますが、この交渉に関して、原が西園寺と松田に激怒しています。松田が「減税できる」と言って党内の人気を集め、原は軟弱者扱いされているのに、総裁の西園寺が何もしないのに怒っています。

さらに西園寺が黙って桂に密約し、桂は西園寺が政友会を抑えてくれると勘違いさせたことが発覚しました。烈火の如く怒る原に西園寺は素直に頭を下げます。それ以上の追及はしませんが、原は日記に書き殴ります。

旧公家なるものは、ただ歳費を得ようとして狂奔すること飢渇の犬の如し。余は之

を評して錦を着た乞食なりというのが公家の真相なのだろう。故に今日に至っても貴族院に於ける旧公家はわずかの黄白で左右される。山県がかつて余に「貴族院の者は金の千円もやれば、どうにでもなる連中だ」と言ったことがある。彼は実験上、そのように認めていたのだろう。

西園寺、松田、原のトロイカ体制は一時が万時、こんな調子です。本人たちも、わかってやっています。

大船渡線の路線図

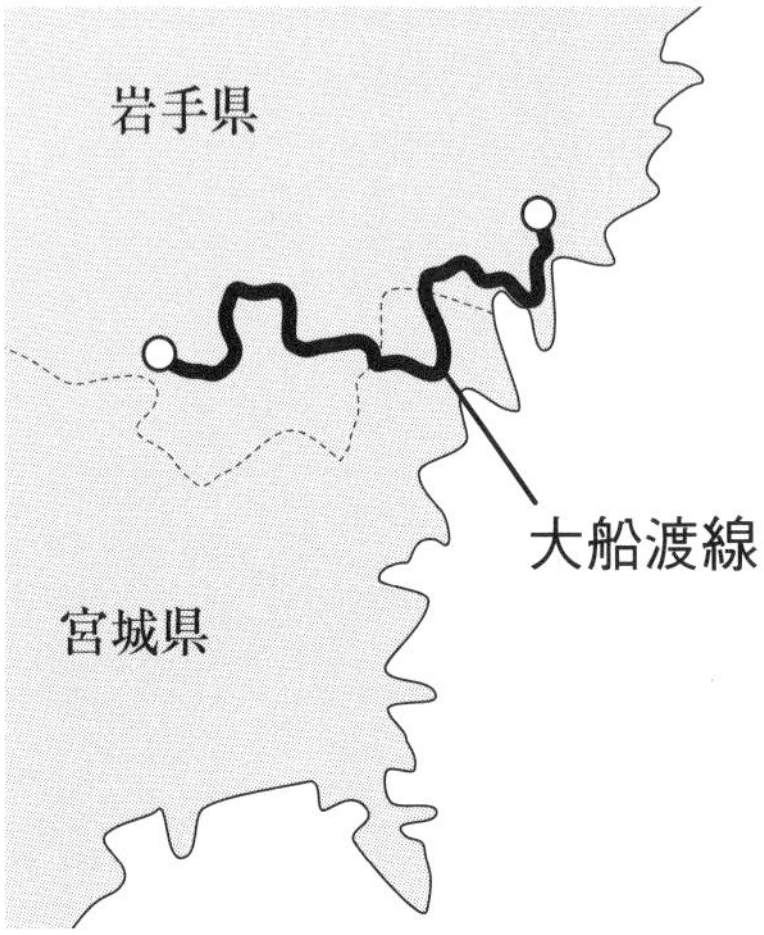

さて、原にとって重要な内政課題は鉄道です。選挙区に鉄道を敷いて、代議士の地盤を鉄板の如く固める。代議士の力が強くなると党勢が拡大するので、さらに鉄道を全国に……と、原は政友会の権力を拡大しました。選挙区優先は、我田引水ならぬ我田引鉄とも称されました。後年の話ですが、図のような極端な鉄道の敷き方をしたこともあります。まっすぐ鉄道を敷けばよいのに、柄杓《ひしゃく》のように曲がりくねっています。

もちろん、選挙区への誘致です。

明治四十四年二月二十四日、原は首相の桂と会見しました。同日の日記によると、「政府は財源を公債に求め、各線路を調査し、今期議会中に提出するまでにいたらなくとも、次期までに提出するぐらいの覚悟で調査してほしい」と迫りますが、桂は線路を狭軌のまま延長する案と広軌に改造する案の二つがあり、後者だと巨額の資金がいると抵抗します。これに対して原は、「日本の鉄道は欧米のように長距離の貨物運搬の必要がない」と断言、狭軌のままの鉄道拡充を求めました。

原が書いていないことが一つあります。桂が広軌にこだわったのは、朝鮮と満洲の鉄道が広軌なので、国内に狭軌の鉄道を拡充するのを嫌がったのです。しかも、日露戦後の慢性的な財政難です。何故、国家的利益を捨てて、政友会の党利党略に服従せねばならないのか。

このときには決着がつきませんが、最終的に広軌化計画はつぶれます。桂と原はお互いに拒否権をぶつけ合って引かないのですが、徐々に原の発言力が強くなり、狭軌の鉄道が日本全国に敷かれます。昭和末期の中曽根康弘内閣の国鉄民営化で大いに改善されましたが、いまだにJRの多くが赤字に苦しんでいるのは原が政友会のために無定見な我田引鉄を行ったからです。

大逆事件が日本を揺るがす

桂は寺内正毅に政権を譲るという風聞を流して政友会を焦らせようとしたり、西園寺が原に黙って桂に会ったりするので原はどんな密約を勝手にするかとやきもきしたりですが、いつものことです。

当時、桂内閣は日韓併合を進めていました。政友会は与党の立場で邪魔しません。そんなことより、日本中を揺るがす大事件が生じました。大逆事件です。明治四十三（一九一〇）年五月二十五日、検挙が開始されます。

大逆事件とは無政府主義者の天皇陛下暗殺計画が発覚した事件で、幸徳秋水ら社会主義者が逮捕され、翌年十二名が死刑となります。

前西園寺内閣は社会主義者の取締が緩いとの難癖がついて総辞職させられました。それに対して、今回は天皇陛下暗殺未遂事件です。七月二十三日の日記では、怒りをあらわに長文の悪口を書き連ねています。

余が在職中、陛下に対し取締の緩慢を誣奏《ふそう》した元老がある（余は山県と思うが、桂は松方だと言った）。官僚派はしきりに余を攻撃したが、今彼ら果たしてどう感じて

いるだろうか。彼らの政略は鎮圧圧迫にある。しかし、圧迫はかえってその主義者を隠密の間に蔓延させるもので取締上全く反対の結果を生ずる。欧州の例を見ても、圧迫する露独に多く、自由な英仏等はほとんど無事である（多数存在するが）。……余はこれを根絶することは到底絶望的であると見ている。むしろ集めてこれを監視するほうが得策と考えたから、いたずらに圧迫して窮鼠猫をかむの境遇に至らせず、社会の一隅に蟄息《ちっそく》させる方針を取ったのに、彼らはこれを手ぬるいとして攻撃した。それが今、どうだ。またこの主義の伝播を防ぐには社会政策より立案すべきで、教員や巡査のように一歩を誤れば社会主義者となるおそれがある。だからその待遇にももっとも注意して感染を防ぐよう根本的政策を要する。彼らは根本政策をとらずに、いたずらに厳しく取り締まるだけだ。現に中央新聞社の校正掛に同主義者がいて二名の尾行巡査をつけ、遂に解雇せざるをえなくなったと聞く。その他、この主義者と誤認されて自殺した者もある。兵隊などに入ったものはほとんど常に拘禁されている有様というのは決して当を得た取締ではない。今回の大不敬罪は官僚派が産出したと言われても弁解できないだろう。

後年の大本教大弾圧の実行者とは思えない言葉ですが、怒りは理解できます。西園寺内閣の過激派の取り締まりが生ぬるいと言って陰謀を用いて倒閣した官僚派が、天皇陛下の

暗殺未遂事件を引き起こした。

原は尊皇家です（川瀬弘至《ひろゆき》『孤高の国母　貞明皇后　知られざる「昭和天皇の母」』産経新聞出版、二〇一八年）。これは如何なる批判者も、認めねばならない事実です。ただ日記に何を書こうが、社会生活においては怜悧な政争家です。そして東北人の原は、寡黙に、ただし確実に敵を追い詰めていきます。

第二党国民党総裁の犬養毅が近づいてきますが、敬して遠ざけます。野党と組んで倒閣などは考えません。第一党の力で官僚閥に譲歩を迫るのみです。

首相の桂もすり寄ってきました。十一月十二日に、桂は西園寺の前で「今期の議会は最終の議会だ」とつぶやきます。例によって政権授受を匂わせます。しかし、このときの原は、いつになく殺気立っています。

十一月二十七日、自由民権運動以来の幹部で三歳年長の野田卯太郎が、原と桂を取りもとうと訪ねてきます。野田が「桂には辞職の意思はない」などと知ったかぶりで政情を説きます。

これを原は冷笑して、「今日の問題は、桂が辞職するか否かの問題ではない。桂が永久に政界から退くか否かの問題である。彼が永久に政界から退くと誓言しないかぎり、今期議会を通すわけにはいかない」と明言しました（前田『原敬』一五三頁）。

十二月二日、原は西園寺に政権奪取の意思を確認します。西園寺は「自分一身の都合よ

りすれば政府を引き受けることは、はなはだ苦痛だが、さりとて政友会に対しては自分もまた多少の情誼《じょうぎ》を持たねばならないので引受を断るわけにはいかない。半年でも十ヶ月でも引き受けるほかはないと思う」などと恩着せがましい言い方で同意します。

後顧の憂いを断った原は、二日後に桂との会談に臨みます。桂は幸徳秋水らを「世界交通の結果であって、コレラやペストが外国より入ったようなもので」などと、話を矮小化しようとします。要するに、不可抗力で政府に責任はないとの表現です。

このときの原は珍しく、政権譲渡の要求を口にしません。桂は、生きた心地がしなかったでしょう。

原は「一言も意見を述べずに別れた」とのことです（前田『原敬』一五四頁）。

「情意投合」演説、虚しく

大逆事件と並行して陪審制度の導入が検討されています。

先に述べた日糖事件および大逆事件を機に、原は陪審制の設置を推進します。明治四十二（一九〇九）年末から始まった第二十六議会に建議案を提出し、翌年三月三日にこれを通過成立させています

原は陪審制度に熱心でした。三谷太一郎『政治制度としての陪審制』に詳しいですが、

日糖事件を通して司法部を軍部に準ずる脅威と認識した原は、司法部をも政党政治システムに包摂していくことをきわめて重要な政治的懸案としました。要するに、検察が自由自在に政治家を逮捕したり不起訴にしたりできる状況を、抑制しようとしたのです。

なお、帝国憲法第五十七条は「天皇の名における裁判」を明記しています。原は、強引な取り調べや冤罪、政治的な裁判が「天皇の名において」行われるのを悲憤慷慨していきます（『原敬日記』明治四十三年十二月七日）。

陪審制は、のちに原内閣で法制化を進め、実現されたのは原の死後、大正十二（一九二三）年のことでした。検察に対する、牽制としての役割は果たしました。

静かな決意の原は、再び桂とのつば迫り合いに挑みます（『原敬日記』同日）。十二月十四日、原が桂を訪問しました。桂はついに後継問題について語り出します。「官僚派の筋が西園寺に譲らないとの説を流していることを詰問、反対党からも政友会を倒閣に使嗾《しそう》する動きがあり党内にも動揺があるので、「余はこの際一歩を進めた意見を交換しておく必要があると思い、野田にその辺の内話をさせた次第だ」と切り込みます。

これに対して桂は、「本日は打ち明けて露骨な内話を交換したい。自分は朝に立つも野にあるもそれほどの軽重をなすとは思わないので、今回限りで再び立つ考えは毛頭ない。今回をもって終わりとするつもりである」と明言します。

そして桂は後継者についての明言を避けながら、多くの人の名前を挙げ、片っ端から人

物評をしていきます。原は、西園寺に譲ると明言しないことに苛立ちます。そこで、「何月何日に進退するかまでは聞かない。君もこれを言うことができないだろう。色々彼我の準備もあることだろうが、おおよそいつ頃、職を去る考えか」と踏み込むと、「条約改正だけはやらせてくれ」と答えます。原は「無論のこと。やらせてくれどころの話ではない。君は責任上また往き掛かり上、これを結了することは当然だ」と応じます。

桂のやり遂げたい「条約改正」とは関税自主権の回復です。明治四十四（一九一一）年二月に日米通商航海条約、四月に日英通商航海条約改正が調印され、その後、他国との条約調印も進みます。明治二十七（一八九四）年に達成した領事裁判権の廃止に続き、このとき幕末維新以来の悲願である不平等条約の完全撤廃がなりました。原は桂の花道退陣で合意しました。

なお桂は同十二月、置き土産として鉄道広軌化案を出しますが、政友会に潰されます。桂としては「政友会は国家よりも利権か!?」ですが、原としては「花道を用意したのだから、美しく去れ」です。

原と桂の密約を知らない第二党の国民党は年末にもしきりに提携をほのめかしてきますが、原は乗りません。どこまでも蚊帳の外。政治は官僚と衆議院第一党だけが決めるのが、「桂原時代」です。もっとも、官僚と与党の中では常に暗闘が行われているのですが。

明治四十四（一九一一）年一月、幸徳秋水ら大逆事件の被告二十四名に死刑判決が下り

ます。天皇による特赦が出て十二名は減刑され、月末に十二名の死刑が実行されました。数日後の二十九日、桂は築地精養軒に政友会員を招き、有名な「情意投合」演説を行います。

> 貴党の穏健な政見をもって国家に貢献されるは余輩のつとに認めるところであって、また常にその協力に待つものが多い。今、朝野を異にするが、すでに国家のため執るべき施策および方針においてその揆を一にしている。情意相投合し共同一致して憲政の美果を収めることを余輩は切望して止まない。また貴党の意もここにほかならないことは信じて疑わない。（小林『桂太郎』二四六頁）

情意投合に、政友会総裁にして次期総理返り咲きが約束されている西園寺も、応じました。桂はこんなことを言いながら、その数日前には井上馨に政友会に対する不満を漏らしています。

そもそも「情意投合」とは、恋愛関係にある高級芸妓と金持ち客の駆け引きを示す言葉です。利害が一致し同じ蚊帳の中で一緒に寝ているにもかかわらず、心からは許しあっている訳ではありません。

原は権力の蚊帳を我が手に独占せんと、また一歩を進めました。

第四章　怪物の死闘

不穏な第二次西園寺内閣の船出

明治も終わろうとしていた四十四年。西暦では一九一一年です。第二次桂太郎内閣を苦しめた大逆事件の後遺症のような形で、南北朝正閏《せいじゅん》論争が起きます。

室町時代の皇室は南朝と北朝が並立していましたが、どちらが正統かは定まっていませんでした。ところが、大逆事件の法廷で幸徳秋水が「今の天皇は南朝から三種の神器をだまし取った北朝の子孫ではないか」と発言し、それが漏れたのがきっかけで「どちらが正統なのか」という議論が沸騰します。これが南北朝正閏論争です。

これに桂は、かなり滅入ったようです。しかも筆頭元老の山県有朋が、現皇室が北朝の子孫であるにもかかわらず、南朝正統論を決めつけてしまいます。

これに関して原は冷静で、「政府の狼狽は甚だしい。教科書に至っては学者の議論としてはどちらでも差し支えないが、児童に教える教科書には従来の通りに据え置いても差し支えない。これを改めたのは適当の処置とも思えない」との所感を記しています(『原敬日記』二月二十一日)。そしてこの問題で政府弾劾を持ち掛けてきた野党国民党との連携を断ります。桂と政権授受の約束があったにせよ、皇室を政争の具にするのを潔しとしなかったからです。

大逆事件に南北朝正閏論争、桂は疲れ切っていました。それでも半年、内閣を存続させます。譲る相手が決まっていても、影響力を残すには辞め方があるからです。七月に幕末以来の不平等条約を改正した新条約実施、その後の退陣は決まっていました。その間、桂と政友会は政権授受の条件を巡り、交渉を続けます。そして八月二十五日に桂内閣は総辞職し、同月三十日に第二次西園寺内閣が成立しました。

閣僚名簿です。

総理大臣　西園寺公望
外務大臣　林董（臨時兼任）→内田康哉
内務大臣　原敬
大蔵大臣　山本達雄
陸軍大臣　石本新六→上原勇作
海軍大臣　斎藤実
司法大臣　松田正久
文部大臣　長谷場純孝→牧野伸顕（臨時兼任）
農商務大臣　牧野伸顕
逓信大臣　林董

政権譲渡は元老会議に諮《はか》らずに、桂が話を進めました。政権を取り戻した原は上機嫌で、二十六日の日記には桂に向かって「今までの元老は憲法実施前の元老なり、憲法実施後の元老は君より始まる」と持ち上げています。

原は内務大臣になりました。「今回の内閣組織では最初から桂に相談しない方針をとり、報告にとどめた」と八月三十日の日記にもあります。

西園寺は原に蔵相就任を持ちかけましたが、桂に日本銀行を追い出された勧業銀行総裁の山本達雄をあえて据えることを進言しました。西園寺の反応は「なるほど」です（『原敬日記』六月八日）。

なお、山本は財界代表のつもりで政友会を矯正するかの勢いで閣内に乗り込んできましたが、原の威圧感の前にすぐおとなしくなりました。原は「山本と余は閣内において同位地にあるわけではない。それを対等のように考えるとは彼らも事情がわかっていない……要するに山本は余らの力によって入閣した事情をわかっておらず、独力で入閣したかのように思うのは、根本的に誤りだ。余らと対抗する考えならば、入閣の必要はない」と記しています（『原敬日記』十月四日）。

原のこうした考えは、実業家で貴族院議員の豊川良平を通じて山本に伝わりました。ほどなくして山本は原に〝飼いならされて〟いくことになります。

一九一一年十月十日、隣国の清で辛亥革命が勃発します。首謀者は孫文です。この頃の原は、立憲君主派の康有為《こうゆうい》に面会して「パナマ運河が開通しても影響があるのは商業だけで軍事には関係ない」と独特の見解を示したり、板垣退助から「孫文が変名で入国した時に見逃してくれ」との陳情を受けたりしています（『原敬日記』九月二十一日、十月二十五日）。

辛亥革命に際して、第二次西園寺内閣の対清政策は、日英協調して清国情勢に介入し、立憲君主制の導入によって清朝と革命派を妥協させようとの思惑でしたが、その案はイギリス政府に拒否されました。イギリスは共和制の樹立で事態収拾の主導権を握ろうとしていたのです。

共和制の樹立は、革命派の利権回収要求と反日的な袁世凱《えんせいがい》の結合を意味するので、日本にとって好ましいものではありませんでしたが、対英協調路線を転換するわけにもいかず、十二月二十二日の閣議では立憲君主制樹立による官革妥協策の放棄が原によって提案され、全閣僚が賛成しています（小林『桂太郎』二五九頁）。

安全保障がわかる閣僚がいないし、いても発言権がありません。外交官出身の閣僚は、西園寺・原・内田・牧野ですが、この人たちに識見を求めても無駄です。唯一、林が伴食大臣でいますが、発言権はありません。

対英協調はけっこうですが、イギリスがいつも正しいとは限りません。翌年二月に清朝

は倒れ、袁世凱政権が誕生します。以後、南北対立が続きますが、日本はイギリス外交に振り回されて干渉したと非難されただけでした。

行政改革、小選挙区制、与党と官僚の権力独占

日露戦争後の財政難はこのころに至っても解消せず、行財政改革が喫緊の課題となっていました。西園寺内閣は十二月九日、臨時制度整理局を設け、当時の言葉で言う「行財政整理」の調査に着手します。この行財政整理は官僚派の妨害を避けるため秘密のうちに計画され進行しましたが、翌年の明治天皇の死によって中断しました。

行財政整理に関して、原はあまり熱心でないようです。原にとって、それより重要な問題があります。しかし、ことごとく思い通りにならず、西園寺とは話がついていたはずの港湾施設拡張に関しても、閣議に臨んでは、西園寺が真っ先に反対するなどしたので、原の怒りが爆発します。そうすると西園寺はすこぶる当惑の様子で「自分の不注意のいたす所だ。何とも申し訳ない」と頭を下げました（『原敬日記』十二月十二日）。

議会召集日の十二月二十三日にも、二転三転して取り決めを守らない西園寺にこれ以上ない怒りをぶつけ、「今度ばかりは本当に辞める」と脅します。

同日の日記には「余は数年間、西園寺を助けてきた。彼の成功の大部分は余の画策を採

用した部分に属し、彼が二度も内閣組織できたのも余の尽力による。彼は余のために何も考えたことがない。余は富貴功名を一切顧みず、西園寺の周旋で官位が上がったわけでも勲章をもらったわけでもない」「熟考するに、前途政界になすべきことは多い。このような人物をいつまでも助けることは大失敗大不面目に陥るおそれがあるだけでなく、不愉快至極なので、速やかに内閣を去って他日の計をなすにしかずと考え、西園寺を訪ねて従来彼の処置の不可を説き」とあります。もちろん、西園寺は慰留しました。

西園寺は、これ以後病気を理由に閣議にもあまり出席しなくなりました。原と松田正久が党を仕切り、政府を運営していきます。

第二十八議会で、原は小選挙区制を提案しますが、それに先んじて山県を訪問していきます。山県には小選挙区は社会主義を防ぐ方法であると説明し、普通選挙についても話が及んでいます。

山県が「普通選挙となれば我が国の滅亡だ」と言い出すので、「すぐに滅亡するとは思いませんが、人智がいまだ発達していない今日において、普通選挙は行うべき制度ではないと考えます」と返します。提案されても、議員に党議拘束をかけて政友会が否決するとまで明言します。

これを受けても、山県は慎重でした。一つの選挙区で一人の当選者だけを出す小選挙区制は、第一党である政友会に有利です。政友会は結党以来、すべての総選挙で勝利してい

ます。小選挙区制にしたら政友会の勢力が伸長するのは目に見えています。

翌明治四十五（一九一二）年二月二十四日に衆議院議員選挙法改正案が衆議院に提出され、衆議院では可決されますが、貴族院で否決となります。山県の影響下にある貴族院は、原政友会のこれ以上の伸長を望みませんでした。三月二十日の日記で原は貴族院をわざと勝たせて国民の敵に仕立て上げたなどと書いています。負け惜しみもあるかもしれませんが、一面、真実でしょう。山県の反応を見て、強行突破せず作戦を切り替えたのです。

選挙制度は、一つの選挙区から複数の当選者が出る大選挙区制のまま行われました。五月十五日が投票日の第十一回衆議院議員総選挙は、前回に続いて任期満了選挙です。桂を首班とする藩閥と衆議院第一党の政友会は、内実では暗闘しながらも、外部の勢力を寄せ付けずに権力を独占しています。だから、解散を打たないのです。政友会は議席を二一一に伸ばしました。第二党の国民党は九五。政友会、圧勝です。

何回選挙をやっても政友会が勝つ時代です。無理に小選挙区制を通さなくてもよいと考えたのでした。

桂と山県の暗闘

政権を下りた桂は明治四十五年七月初旬に欧州へと出発するのですが、その直前の一日

に原は桂を訪問しています。桂が同行者の若槻礼次郎大蔵次官や後藤新平満鉄総裁を称揚するのを聞いて、彼らを閣僚にして三度目の政権を担う意思があると見抜きました（『原敬日記』同日）。

事実、桂の洋行の目的の一つには、新党を形成するにあたってイギリスで二大政党制を研究することにありました。しかし、ロシア滞在中に明治天皇が危篤と聞き、イギリスに至ることなく、急ぎ帰国の途につきます。

七月二十九日、明治天皇が崩御されたとき、桂はまだウラル山脈でした。八月十日、桂の乗った船は神戸に到着し、そこから列車で東京に向かうのですが、途中の浜松で寺内正毅が乗り込んで来て、内大臣兼侍従長としての宮中入りを依頼されます。内大臣兼侍従長とは天皇陛下のお側でお仕えする名誉ある職ですが、政治に関わってはいけない立場でもあります。桂は断るつもりでしたが、明治天皇の遺影の前に立ち、皇后陛下のお言葉を頂いてしまうと、すべてを捧げて大正天皇を支えようと覚悟を決めました。

山県は力を付けすぎた桂を封じ込めようと、宮中入りを進めたのです。そして、山県閥の後継者として寺内を育てようとしていました。このときの寺内は首切り役人です。桂はそれを承知で、引き受けました。

山県は桂の政治生命を絶ったとほくそ笑みますが、誤算だったのは「山県が手下の桂を使って宮中掌握を企んだ」と世間に思われたことです。実際、原ですらそのように観測し

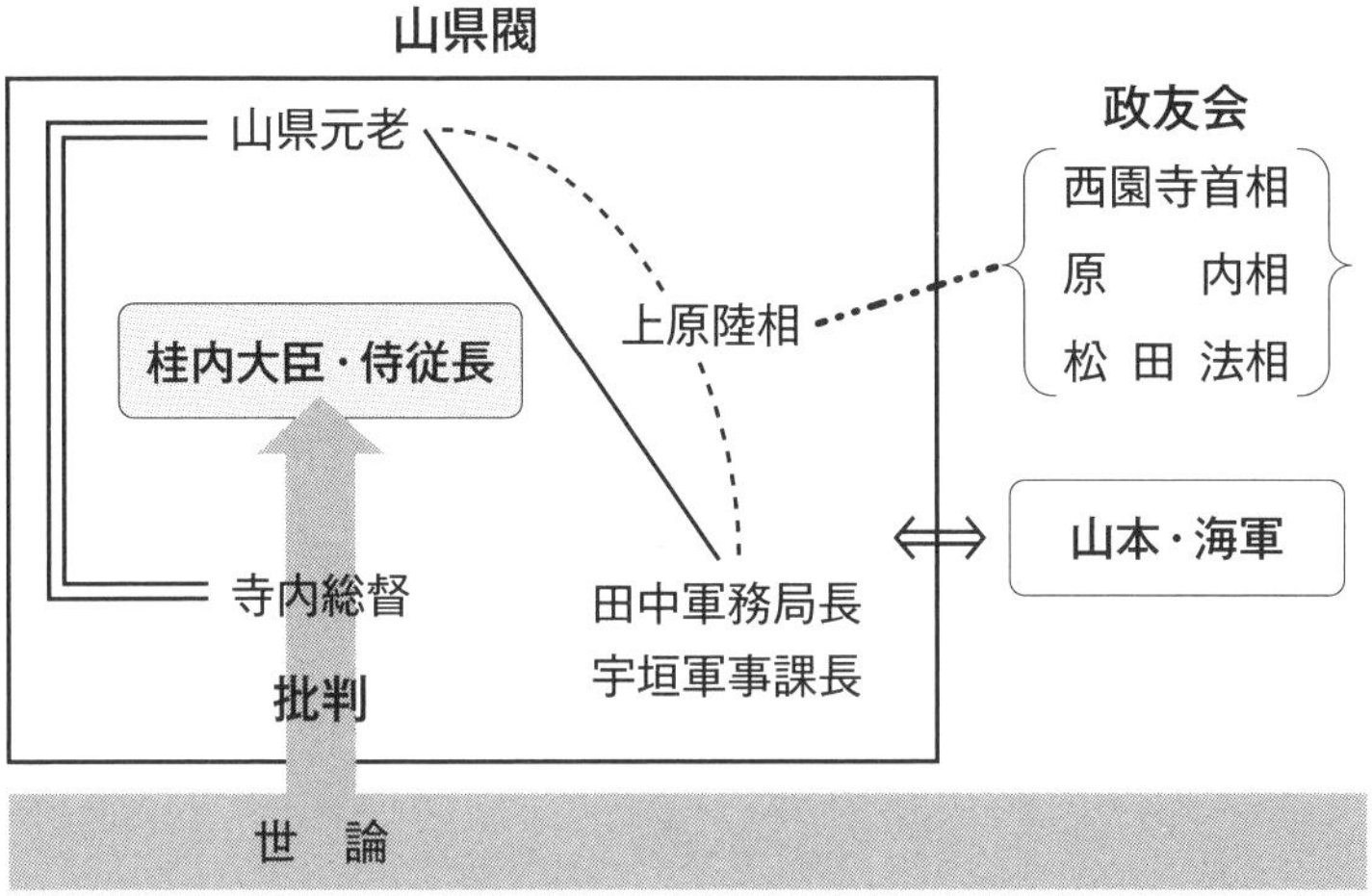

ました（『原敬日記』八月十三日）。この誤解は、すぐ後に大きな影響を及ぼします。

政治的人間関係を確認しておきましょう。伊藤はすでに亡く、筆頭元老は山県です。藩閥側は桂と山県の暗闘が激化しています。山県は桂のコントロールがきかないので、寺内正毅を引き上げようとします。

寺内は朝鮮総督です。朝鮮総督は一国を統治するので、いわば「総理大臣修行ポスト」でした。具体的には歴代総督では寺内のほかに、斎藤実、小磯国昭、阿部信行が実際に総理大臣を務めています。宇垣一成《かずしげ》は組閣できませんでしたが、大命降下は受けています。

山県は寺内のキャリアを上昇させながら、桂を内大臣兼侍従長として宮中に押し込めました。山県・寺内ラインに属する陸軍には田中義一軍務局長、その部下に宇垣一成軍事課長がいます。

政友会の三巨頭は、西園寺が首相、原が内相、松田が法相です。

以上、藩閥側はすべて長州閥です。宇垣は岡山出身ですが、他県出身の長州閥もいるのです。西園寺内閣で当初陸相であった石本新六は明治四十五年四月に病死してしまい、以後、上原勇作が陸相に就いていました。上原は薩摩出身で陸軍内の非主流派ですが、上下を長州閥に押さえられているので、独自の行動はとれません。

山本権兵衛元海相が率いる海軍は、山県の牙城である陸軍に予算を奪われまいと、発言権の確保を狙っています。

死闘！　大正政変

以上の人間関係をおさえて、二個師団増設問題を考えていきましょう。

日露戦後の財政難の中で、予算獲得に全省庁が腐心します。特に予算額が大きい陸海軍は必死です。結果、陸軍はロシアを、海軍はアメリカを仮想敵にし、予算を請求します。

実際には朝鮮を併合し、南満洲を勢力圏においたので、陸軍は軍備増強が急務でした。一方で海軍も、世界的な建艦競争の中で、時代遅れの艦隊を保持することに焦りを持っていました。しかし、財政難です。さらに日露戦争までは民需を犠牲にしていたので、原のような「鉄道を全国に敷設して恩恵を行きわたらせるべき」という主張を、有権者は支持

したのです。主な有権者である地主の支持を得て政友会は勢力を拡大し、発言権が高まるから鉄道をバラ撒けるという構図でした。

そして、朝鮮半島を防衛すべしとの名分で、二個師団増設問題が争点化します。上原陸相の要求を山本蔵相が突っぱねます。しかし埒が明かず、内相の原敬が「ここからは事務的範囲を越えたハイポリシーだ」と乗り出します（前田『原敬』一六〇頁）。大蔵省は、おとなしく引き下がりました。

原は陸軍とその背後にいる山県の、倒閣の陰謀を疑っています。なお、二個師団増設問題から第一次憲政擁護運動に至る大正政変に関する通説です。

説1（昔の通説：黒幕は山県有朋）

山県・桂が上原陸相に辞任の旨を帷幄上奏《いあくじょうそう》（内閣や議会を通さず直接天皇に上奏）させ、西園寺が後任の大臣を出してくれと山県（陸軍）に要求したけれども、陸軍は結束を固めて、二個師団増設してくれなければ後任は出さないと主張。西園寺内閣は総辞職に追いこまれた。藩閥のエゴで成立した第三次桂政権に民衆が怒って第一次護憲運動となり、すぐに倒閣された。

そんな単純な話ではありません。最近は大きく修正されています。

説2（今の通説：黒幕は原敬）

山県有朋は二個師団増設を認めさせる条件闘争のつもりで「陸軍大臣を出さない」と言っていたのだが、原敬はこの機会に山県を潰そうとした。仕掛けられた喧嘩なので一切妥協せずさっさと内閣総辞職し、民衆運動をけしかけ、桂内閣に対して憲政擁護運動を煽って倒閣させ、政友会が山本権兵衛をかついで新内閣を組織した。

こちらが学界の今の有力説です。それに対して新説も発表されています。

説3（新説：黒幕は桂太郎）

山県は条件闘争のつもりだったので、妥協案を用意し、桂に伝えていた。ところが、桂がその計画を握りつぶし、原は山県が倒閣を意図していると勘違いして、そのまま正面衝突に至って、第二次西園寺内閣は総辞職する。元老の推薦する人物は首相をことごとく辞退するので、消去法で桂が浮上。第三次桂内閣の誕生となった。ただし真

相を知らない民衆は怒り、憲政擁護運動により桂内閣は倒れる。

小著『桂太郎』（祥伝社、二〇二〇年）では、小林道彦先生の新説として紹介しましたが、古典的名著である山本四郎先生の『大正政変の基礎的研究』（御茶の水書房、一九七〇年）でも桂の動きには言及されていました。もちろん、体系的にまとめられたのは小林先生なのは間違いではないですが、改めて調べなおしたので付記しておきます。

この政変のポイントは、陸相の上原には独自行動をとる余地がないという点です。この政変の詳細は『桂太郎』に記したので、原に関する点だけをお話しします。

桂と山県の暗闘は本人たちしかわかりません。もちろん寺内は当事者ですから知っていますし、これまで見た通り原も何となくの空気は摑んでいます。しかし、そこまで深刻とは思っていませんし、多少とも対立があっても山県と桂は最終的には一枚岩と思っているのです。桂が本音を隠し通す性格だったので、原がそうした事情を知りえないのは、当然でしょう。

それより、原は元老の凋落を観察しています。事実、西園寺に政権を放り出されて、元老会議は小田原評定を続けていました。政友会を敵に回して誰が政権を担当したがるのか。最終的に桂が名乗り出て、誰も反対できませんでした。

後日である大正三年八月十四日の『原敬日記』には、「自分は桂にやってくれとは言え

ないので自分自らその局に当たろうと言った」と山県の本音が吐露されています。桂は山県にそのセリフを言わせるまで追い詰め、「自分がやる」と提案したので、誰も反対できなかったのです。桂の宮中脱出と三回目の政権奪取は成就しました。

陰謀は成功したのですが、この成功こそが桂の破滅の始まりでした。

十二月十四日に元老会議は桂後継で決定、翌日には「桂は山県の窮地に陥るのを待っているのだ」と原は見抜きます（『原敬日記』同日）。

閥族打破・憲政擁護の声が全国に広がるのを見た原は、この勢いを利用すれば自分の権力が強まると考えました。当時の政府に対する風当たりの強さは、桂が「山県は暗殺を恐れている」と言うぐらいの激しさでした（『原敬日記』十二月十八日）。

山県は桂がまた政友会と提携するものと思っていましたが、桂には、もはやその気はありません。「政友会に対しては厚意は望むけれども別段その事を希望するわけではない」と西園寺にも面と向かって言いきります（『原敬日記』十二月十八日）。

桂は山県にも愛想をつかしていますが、原と組むのにも嫌気がさしていました。だから、このような陰謀を仕掛け、宮中脱出を図ったのです。

「戦争に協力してやるから利権をよこせ」のような原の所業が許せない。あいつらと妥協するのはもう嫌だ。何回選挙をやっても政友会が勝つような世の中ではダメだ。伊藤が作

った政友会はこのザマだ。ならば、自分がもう一つ新党を作らなければならない。そう思った桂は、山県とも原とも手を切って、自分の育てた人材で政党を作り、日本をイギリスのような二大政党制の国にしようとしました。

しかし、世間には理解されませんでした。桂の理想はまったく伝わらず、逆に権力亡者の桂が既成政党を切り崩しているようにしか見えません。そして、原からしたら、長年の友誼を捨てた、単なる裏切りです。

第二党の国民党は切り崩されて、過半数が桂新党に合流します。一方、政友会は原の統制力が強く、除名者三名を出したにすぎません。政友会には二重スパイがいました。政友会幹部の伊藤大八です。

桂が、親しい関係にある伊藤に政友会員買収資金として五万円を渡すと、伊藤は「買収は自分が引き受けるから方々に手を出さないほうがいい」と抑えます。しかし、これは実は買収防止策で、伊藤は一切買収をしなかったのです（升味『日本政党史論』第三巻、東京大学出版会、一九六七年、七十四～七十五頁）。政党に関しては、原が桂より一枚上手でした。

大正二（一九一三）年二月五日、狂騒の中で停会されていた議会が再開されます。桂は都合が悪くなると天皇陛下のお言葉を利用して乗り切ろうとしていました。このときの議会も、勅語で停会していました。傍聴席には大勢の人です。演説者は尾崎行雄。尾崎が

「彼らは玉座を持って胸壁となし、詔勅をもって弾丸に代えて政敵を倒さんとするもの」と弾劾すると、熱気は瞬く間に全国に伝わります。

演説を聞いていた原敬は尾崎の頭の悪さに頭を抱えたようです（『東京日日新聞』大正二年二月六日）。桂が利用した勅語は単なるお言葉で、法的効力がある詔勅とは違います。しかし、そんな細かいことは民衆にはお構いなし。桂内閣は風前の灯火です。

トドメの刺しどころだと見た原は、政友会として内閣弾劾決議案を提出。対する桂は、またもや五日間の停会とします。この間、桂は西園寺総裁の一本釣りをもくろみます。原や松田抜きに西園寺と会談しようとしますが、そうはいきませんでした。

二月八日、桂は西園寺と会見しますが、原・松田も同席しています。このときばかりは西園寺も強硬で、桂の出す如何なる条件にも応じず、一方的に総辞職を求めます。

進退窮《きわ》まった桂は、宮廷工作に頼ります。翌九日、西園寺は突然のお召に参内すると、「目下の紛擾《ふんじょう》を解き朕の心を安んぜよ」と妥協するようとのご沙汰を賜ります。天皇陛下のお声を借りて「妥協しろ」と政党総裁に命令する。立憲政治でも何でもないし、そんなことが許されるのなら政党政治などいりません。

しかし桂の渾身の一撃、妥協の勅命にさすがの政友会も動揺します。西園寺や松田、原すら、もはや妥協するしかないと考えます。特に西園寺は名門公家に生まれた身ですから、勅命に逆らうわけにはいきません。また、原も尊皇家です。いくら桂が黒幕だとわかりき

っているとはいえ、形式的には天皇陛下のお言葉です。正面から無視する訳にはいきません。

しかし、精緻な陰謀が暴力的に突破されることがあるのも、政治の世界。一般の政友会員は「桂が聖旨を仰いで議会を抑え、西園寺を毒殺するものだ。憲政上、忍ぶべきでない」と憤激します。連日、民衆運動が激昂しています。毎日、歌舞伎座に一万人が集まって気勢をあげる熱狂に、山県など本気で殺されると怯えて屋敷から出てこない有様です。

ここで海軍、というより山本権兵衛が動きます。

十日、朝から海軍の長老である山本権兵衛が桂を訪ね、「若い天皇を利用して、天下の災難を引き起こした。さっさと辞めて西園寺に譲れ」などと桂に辞職を迫ります（徳富蘇峰『公爵桂太郎伝』坤巻、六五三～六五四頁）。売り言葉に買い言葉で、桂は「辞めてやる」と口走ってしまいます。山本はその足で政友会本部に向かい「桂、辞めると言ったぞ」と吹聴します。桂は「あれは失言だった」と取り消しますが、後の祭りです。

それでも桂は議会解散で乗り切るつもりでしたが、同郷で衆議院議長の大岡育造に「議院門外には騎兵が群衆を馬蹄にかけ血を流しつつあり、一揆の起こる責任をとらなくてはなりませんよ」と引導を渡されます（『原敬日記』二月十日）。

さすがに、総辞職を決心しました。

この日、激昂した群衆は桂内閣打倒を叫びつつ街頭に雪崩れ出て、警察署を襲撃し、交

番を焼き討ちし、政府支持の立場をとって来た諸新聞社を襲撃し、暴徒化した群衆を鎮圧するため政府は軍隊の出動を要請します（岡義武『明治政治史』岩波文庫、下巻、四〇五頁）。原もまた、その日の日記に「なお辞職しなければ、ほとんど革命的騒動を起こしたことだろう」と記しています。ポーツマス条約調印時の「日比谷焼き討ち事件」に匹敵する規模の焼き討ちが起き、戒厳令寸前になったわけです。騒擾は全国へ拡大していきました。

日本史上最強の傀儡・山本権兵衛

二月十一日、元老会議が開かれます。山県は西園寺を推薦しますが、西園寺が山本権兵衛を推し、元老会議の決定となります。

山本は首相奏薦の前にすでに「桂のあとはお前」と元老たちから言われていましたが、「自分は学問経験などの点で一国の総理の器ではない。自分には自分に適した仕事がある」などと謙遜していました。しかし、元老会議で決定されると受諾します（山本英輔『三代宰相列伝　山本権兵衛』時事通信社、一九五八年、一六〇頁）。

当初、組閣は混乱します。「閥族打破」のはずが、蓋を開けてみれば薩摩閥の山本が首相に就きました。政友会員は当然「首相を政友会から出せ」となります。そして現役の軍

人である山本は、政友会には入れません。

尾崎行雄などは大臣になれないことを不満とし、脱党していきます。「憲政の神様」とはやし立てられていた尾崎の脱党は、原が閥族と妥協したからだと思われました。そうした状況は原にとっても暗殺されかねないほど危険なのですが、意に介しません。むしろ、政局を自由に操ります。ちなみに原は、尾崎や国民党の犬養毅が「憲政の神様」ともてはやされる時勢を訝しがっています（『原敬日記』三月九日）。

さらに山本は政治の素人なので、いろいろと不具合が生じます。政友会を基礎とすることは協議済みのはずなのに、山本は組閣人事に関して原ではなく同郷の牧野に相談していたくらいです（『原敬日記』十二〜十九日）。原曰く、「この数日間は多忙にて覚書を認《したた》め置く余暇がなかった。そのため記憶にあるものを記すので日時不明のものが多い」です。

ともあれ、二月二十日、第一次山本権兵衛内閣が成立します。第二次松方内閣以来十五年ぶりに、薩摩閥の首相が登場しました。

総理大臣　山本権兵衛
外務大臣　牧野伸顕　…原の後輩
内務大臣　原敬
大蔵大臣　高橋是清　…後に入党

陸軍大臣　木越安綱（留任）　→楠瀬幸彦
海軍大臣　斎藤　実（留任）
司法大臣　松田正久　…政友会幹部　→奥田義人
文部大臣　奥田義人　…政友会員　→大岡育造
農商務大臣　山本達雄　…後に入党
逓信大臣　元田肇　…政友会員

ただ、山本権兵衛内閣は、結局のところ政友会内閣です。陸軍・海軍・外務大臣は政党から出ていませんが、みな原と親しい関係にある人物です。その他の大臣はすでに政友会員か、後に政友会に入る人です。つまり、総理大臣以外は全員が政友会員ないし関係者という内閣ですから、山本権兵衛は原の傀儡です。

しかし、山本は幕末維新でも活躍した豪傑です。満十歳、数え十二歳にして、薩英戦争で砲弾運搬などの雑役に加わり、戊辰戦争時も十八歳以上でないと従軍できないのに、年を偽って参加しました。しかも、「日本海軍の父」「日露戦争の英雄」で、このときには帝国海軍の長老です。山本権兵衛内閣を「薩派海軍と政友会の連立政権」と見る人もいます（小林『桂太郎』二九九頁）。

まるで空気のような西園寺とは違い、行動力があり、政友会の政策を実施していきます

から、いわば「日本史上最強の傀儡」と呼んでもよいのではないでしょうか。

日記を読んでも、原は個人的に山本を好ましく思っていたようです。確かに客観的に見れば、山本内閣は原の傀儡なのですが、もし山本が軍を退いて政友会に入ったら、総裁に迎えたのではないかと思えるふしがあります。この時期、違勅を嫌った西園寺が総裁を辞任した建前になっており、総裁は不在です。しかし、次期総裁は決めていません。山本が退役して政友会総裁になっていても、傀儡は傀儡だったと思いますが、それはそれで日本の憲政に貢献したかもしれません。

軍部大臣現役武官制廃止と文官任用令改正

世間からは「政友会がまた妥協した」「長州の代わりに薩摩になっただけだ」と思われているので、原も山本も奮起します。

具体的には、軍部大臣現役武官制やキャリア官僚制に切り込みます。

軍部大臣は現役軍人でなければならないとした規定を改め、予後備・退役の大中将まで広げられました。軍部大臣文官制までは無理でしたが、大進歩です。

なお「軍部大臣現役武官制」から「現役」の文字が取れたわけですが、その後も、予後備や退役の大中将が軍部大臣に就任することはありませんでした。それでは、意味がない

かと思われるかもしれませんが、大ありです。それまでは制度上、軍が大臣を推薦しないことによって組閣を阻止したり、気に入らない内閣を倒したりすることができましたが、任用資格が拡大されたことによって、それができなくなりました。つまり、これは軍が政治を左右することを予防する策であって、現役を退けることに主眼がある制度ではないのです。

現代でも、政治主導の行政運営を目指して、二〇一四年に内閣人事局が設けられました。行政機関の幹部職員人事を管理することになっていますが、実際には睨みをきかせているだけで、ほとんど発動されることはありません。「やろうと思えばやれるんだぞ」と伝家の宝刀は抜かないことに意味があります。

それまでの軍部大臣現役武官制の時代、軍部大臣の引き上げによって内閣を総辞職に追い込んだのは、第二次西園寺内閣だけです。実態は、ここまで見てきたように、ハプニングでした。第一次内閣では山県有朋が寺内正毅陸相の引き上げを考えていましたが、実際には行われていません。最後の手段として伝家の宝刀をちらつかせることで、倒閣に追い込みました。

ここで導入された「軍部大臣武官制」では、もし軍部が内閣に抵抗したら、予備役の軍人を大臣に採用することができます。予備役の将官は、「追い出された」との感情を抱きがちなので、そういう人が来ると現役の軍部官僚たちは困ります。そこで、時の内閣の意

向に沿う大臣を推薦するようになります。昭和期に政友会と民政党の二大政党制が定着すると、陸海軍ともに「政友会用の大臣」「民政党用の大臣」を用意していたほどです。だから、「現役」の二文字を削るのに山県有朋などは最後まで抵抗したのです。

また政友会の政策を取り入れ、文官任用令を改正し、特別任用範囲を拡大することによって政党員が官職に就けるようにしました。

さらに、経費節約のため枢密院の定員を削減しました。

これらの改革にあたって政府は枢密院と対決しています。山県閥の支配下にあり、頑迷強固な枢密院は歴代内閣にとって手がつけられない領域でした。原は慎重だったのですが、山本は戦いを挑み、突破します。

枢密院が反抗すると「それなら一戦をまじえるだけだ。全部顧問官を免職してでも所信を断行する」と閣議で発言したり、「自ら山県に代わって議長をかねてもいい」と言うなど、強い態度を示したので、山県も折れました（以上、山本四郎『原敬』一四二〜一四三頁、山本英輔『山本権兵衛』一六三頁より）。山本は操っているはずの原の意図を超えて活躍してくれる頼もしい傀儡です。

そんな山本権兵衛は、海軍畑しか知らない異分子であるため政友会と齟齬《そご》をきたすことがあったようですが、「西園寺が首相で、余と松田と三人で協議した当時のようにはいかない」と、原が党員をなだめています（『原敬日記』九月十八日）。

十月六日には、辛亥革命で清朝を倒した中華民国を承認するなど、外交日程もこなしています。

八日には、原は危篤の桂太郎を見舞いました。何度も見舞いに行くように言われていたし、桂もそれを望んでいましたが、原は臨終に近いこの日まで桂に会いに行きませんでした。

二日後の十月十日、桂は息を引きとります。

ジーメンス事件で山本内閣総辞職

年が明けて大正三（一九一四）年一月、ジーメンス事件が起こります。軍艦や兵器をドイツのジーメンス社に発注するに当たって、海軍高官が賄賂を受け取ったことが露見した事件です。これで山本内閣は結束した野党の猛攻撃を受け、二月十日には内閣弾劾決議案が提出されます。これは政友会が与党なので四十一票差で否決しますが、同日に日比谷で五万人を集める国民大会、夜には中央新聞社などが包囲され、軍隊・警官が出動する騒ぎとなりました。

二月十二日、衆議院では予算が通過しますが、議場は喧騒に包まれました。また、山県の影響力が強い貴族院は予算成立を妨害しようと徹底抗戦し、内閣総辞職に追い込もうと

します。

帝国憲法下でも衆議院には予算先議権があり、貴族院が否決しようが、最終的には衆議院の議決が通るはずです。世論が衆議院を支持しているときなら、貴族院が予算を否決しても、「選挙で選ばれた代表の集まる衆議院で通っているのだから、国家のためにこちらが正当だ」との解釈で押し切れます。しかし憲法解釈も、政治状況により変わります。

ジーメンス事件当時は「衆議院は、原敬という権力亡者が率いる政友会に支配されており、しかも疑獄事件が明らかになったのにもかかわらず海軍を守っている」という雰囲気がありました。憲政擁護運動に続く大正政変のときは貴族院議員が議場に入ろうとしたら民衆に殴られていたのですが、このときは逆に衆議院議員が殴られていました。

このように世論を敵にまわしていると、衆議院が貴族院に勝てない場合も出てきます。

しかし、原は徹底抗戦する気満々です。

二十六日には原内相不信任案が提出されます。第一章で、原が名もない代議士をやりこめた話をしましたが、このときの話です。暴動の取り締まりにあたった警官が抜剣したとかしないとかが、不信任案提出の際に議論となり、原が屁理屈をこねました（山本『原敬』一四六～一四七頁）。

世間では海軍の長老である山本首相や斎藤海相も事件に関わっているのではないかと噂されます。山本首相自身は贈収賄とは関係がありませんでしたが、海軍所属の部下たちの

起こした問題ですから責任を感じます。

　当時、汚職事件に関わったのは一部高官であったのに、世間一般では海軍全体が悪者にされていました。日露戦争後、海軍の評判はうなぎのぼり。海軍兵学校の入学試験は激烈であったのに、事件で志望者が減ってしまいました。また海軍軍人は「光栄ある職業」でその子どもたちは学校でも羨ましがられていたのに、事件後は逆にいじめられるようになりました（岡『明治政治史』岩波文庫、下巻、四二六頁）。

　ところで、吉野作造は「民衆的示威運動を論ず」（『中央公論』大正三年四月号）で、民衆的示威運動の始まりは明治三十八年のポーツマス条約への不満から起こった日比谷焼き討ち事件をその始まりとしています。しかし、桂内閣を倒した大正政変、そして、今回のジーメンス事件を機に起こった「民衆運動」は、実は、自発的なものではなく、日比谷焼き討ち事件で民衆の力のすさまじさを経験した一部の者がこれを利用しようと扇動して起こったもののようだと吉野は見ています。

　三月十三日、貴族院は海軍拡張費を大削減します。原は事実上の内閣不信任だと見做《みな》しました。山県ら藩閥官僚が野党と組んで倒閣を仕掛けてきたと見做しています。

　そして三月二十三日、予算が不成立となりました。実は、この段階でも手がないことはないのです。第四次伊藤内閣が同様のケースを勅命で乗り切ったことは前述の通りです。

　しかし、山本権兵衛はあえてその方法を使わずに、翌日、ジーメンス事件と予算不成立の

責任をとって内閣総辞職します。

もっとも総予算は不成立でしたが、特別会計予算は成立しているので、国家運営に最低限の支障をきたさないようにしていました。

なお、これをもって帝国憲法の致命的な欠陥という人もいます。確かに現行憲法には明記してあるので、政争の余地は起こりようがありません。

大日本帝国憲法　第六十五条
予算ハ前ニ衆議院ニ提出スヘシ

日本国憲法　第六十条
一　予算は、さきに衆議院に提出しなければならない。
二　予算について、参議院で衆議院と異なった議決をした場合に、法律の定めるところにより、両議院の協議会を開いても意見が一致しないとき、又は参議院が、衆議院の可決した予算を受け取った後、国会休会中の期間を除いて三十日以内に、議決しないときは、衆議院の議決を国会の議決とする。

この点では確かに現行憲法が優れているとも言えるのですが、運用で乗り切れない問題

ではないので、これが明記されていなかったことが帝国憲法の致命的な欠陥とまでは言えません。ただ現実に、第四次伊藤内閣、そして、このときの山本内閣で政争の具となった歴史があるので、特記しておきました。

しかたがないから大隈内閣

山本権兵衛の後継首班として、三月二十八日に元老たちが奏薦したのは、世が世なら第十六代将軍の徳川家達《いえさと》貴族院議長でした。しかし、三十日に拝辞されます。続いて三十一日、清浦奎吾元内相に大命降下します。山県直系の官僚です。しかし海軍が大臣推薦の条件として、前内閣が予算案編成の際に承認した海軍補充計画の実現を求め、清浦はこれを拒絶します。要求は現役武官ばかりでなく予後備・退役を含めた海軍の総意だったので、清浦は海軍大臣を得ることができず、組閣を断念します。海軍が大臣を出さずに内閣をつぶした唯一の例です。「鰻香《まんこう》内閣」「流産内閣」と呼ばれます。

そして、西園寺にもお鉢がまわってきますが、当然、断ります。

こうした惨状に、半身不随同様の井上馨が興津から上京し、元老会議を仕切りはじめます。

井上が推した後継候補は、大衆に人気のある大隈重信です。大隈は政治の中心から身を

引いても客を好み、また話がうまかったため、彼の家には新聞・雑誌の記者たちが常に出入りし、彼の意見は報道されていました。大隈は立憲政治の完成を説き、藩閥政治を攻撃し続けました。隻脚であり、政治的にも不遇の身でありながら、反骨精神いまだ衰えず、たくましく生きる大隈は世間の人気を獲得していたのです（岡義武『転換期の大正』岩波文庫、二〇一九年、二十一頁）。いわゆるメディアの寵児《ちょうじ》でした。

井上と大隈の仲はけっして良くはありません。しかし、今は反政友会勢力を糾合するのが先決と考えました。だから、第一次大隈内閣崩壊から十六年、憲政本党総理を辞任して七年の大隈重信を引きずり出します。

井上としては「政友会は自分と伊藤が苦心して生み育てたものである。その政友会を率いる原が薩摩と組んで長州征伐するというのはけしからん。それなら、大隈と連合してでも政友会を叩き潰してやる」という思いです。前田蓮山のまとめ（『原敬』一七一頁）なので、本当にこう言ったわけではないかもしれませんが、趣旨はそういうことです。

話を元老会議に戻すと、松方、大山は大隈を推す井上案に賛成しました。井上以上に大隈不信の山県は躊躇しましたが、井上から「異議があるなら、あんたが組閣しろ」と言われて、同意します。それに、政友会を倒したいのは山県も同様です。

山県の関心事は二個師団増設です。師団増設を拒絶した西園寺内閣は潰れましたが、上原を煽った桂は自分の内閣ができた直後に、これを凍結しました。続く山本内閣は海軍の

首相ですから、そんなものを通すわけにはいきませんでした。そこで悲願の二個師団増設の実現を大隈に約束させることで、山県も納得します。

四月十日、井上は大隈を呼び出しました。片足義足の大隈は安楽椅子に腰掛け、七十七歳で病身の井上はソファーに身をよこたえていました。大隈はまんざらでもない様子でしたが「もうこの歳では」などと断ります。しかし、井上は「きみはぼくより三歳も若い、きみは片脚がないが、ぼくは半身不随だ」（山本『原敬』一五一頁）とわけのわからない励まし方で大隈をその気にさせました。

井上が上京してきて、大隈に決まるまで、この間二日。山県が一週間何もできなかったものを二日でまとめました。しかも大隈は「理屈なんかどうでもいい。とにかくおもしろそうな仕事である」（前田『原敬』一七〇～一七一頁）と政界復帰です。大丈夫なのでしょうか。

第二次大隈内閣の閣僚です。

総理大臣　大隈重信
外務大臣　加藤高明
内務大臣　大隈重信（兼任）→大浦兼武
大蔵大臣　若槻礼次郎

陸軍大臣　岡市之助
海軍大臣　八代六郎
司法大臣　尾崎行雄
文部大臣　一木喜徳郎
農商務大臣　大浦兼武↓河野広中
逓信大臣　武富時敏

ちなみに外務の加藤、内務の大浦、大蔵の若槻、この主要三閣僚は第三次桂内閣と同じです。

原、ついに政友会総裁に就任

この時期、政友会は総裁不在です。西園寺公望に「総裁に戻ってください」と言っても、引き受けてくれません。また、もう松田正久もいません。前年に桂が臨終を迎えていた頃、松田もまたガンに侵されていて、ジーメンス事件による騒動の真っ最中の大正三（一九一四）年三月四日に亡くなっています。

では、ここは衆目一致で原が総裁にと、簡単にはいきません。政友会にも原のアンチが

います。西園寺は総裁に復任する気はなく、原を推しているのに、京都の西園寺を訪れた元田肇らは東京に戻ると「西園寺は健康が回復したら復任すると答えた」とウソの報告をし、それまで暫定的に総務委員を挙げて党務を見ることとなす条款まで起草していました(『原敬日記』五月二十六日)。

原は西園寺の書簡と元田らの報告内容が違うので不信感を持ちます。西園寺の意思は確認すれば、はっきりすることですが、原は、そんなことではとても引き受けられないとの態度を示し、結局、反対者も含めた全員から「どうかお願いします」と言わせる方向に持っていきます。したたかに喧嘩を売って、相手が無条件降伏するのを待つという原一流の駆け引きです。

こうしたやり取りを経て、六月十八日に原が政友会総裁に就任しました。

原は総裁就任前の六月十日に、政友会創立者の一人である井上馨に挨拶に行き、井上の衰えた様子を日記に記しています。

彼は望月小太郎のような雑輩に欺かれ、また山県の奸策に乗せられて政友会ならびに薩派をはなはだしく嫌っているように思われる。八十歳の老人だからやむを得ないが、ことに近来は半身不随で思慮も不完全となっている。彼も左手用をなさず、耳も遠くなり、鼻にいたっては全くその機能を失ったと言って前途を悲観していた。

原の政治人生において珍しく、読み違えていました。井上は、体は衰えていても、いまだ政局勘と識見は最強の元老でした。

欧州大戦は天佑――井上馨の炯眼

原が総裁就任の十日後の六月二十八日、ヨーロッパで大事件が起きています。ハプスブルク帝国皇位継承者フランツ・フェルディナントがサラエボでセルビアのテロリストに暗殺されました。サラエボ事件です。一ヶ月後にはオーストリアはセルビアに宣戦布告し、第一次世界大戦が勃発します。すべての大国が参戦します。

イギリス政府は、戦乱が極東に拡大した場合、日本にも助力を仰ぎたいと申し込んできました。また七日には、イギリスからさらにドイツの東洋艦隊を駆逐してほしいとの希望があり、八日に元老会議が開かれ、閣議の議決を認め、対独戦参加を決定します。

井上馨は、この元老会議には出席していませんでしたが、外交方針をしたため、山県と大隈に送っています。いわゆる「天佑書簡《てんゆう》」です。井上は、「大正新政の発展は、この世界的大禍乱の時局に決し、欧米強国と駢行《へんこう》提携し、世界的問題より日本を度外することができなくする基礎を確立し、近年ややもすれば日本を孤立させようとする欧米の趨勢を根

底より一掃させなければならない」と訴えました（井上馨侯伝記編纂会『世外井上公伝』内外書籍、一九三四年、第五巻、三六七～三六九頁）。

山県も大隈も世界の大国としての地位を確立すべしとの井上の趣旨を理解していたとは思えませんが、連合国側に立って参戦することには賛成でした。

原はといえば八月四日の日記に「ナポレオン一世以来の大戦争となろうとする状況に至った」とありますが、五日には「欧州戦争について我が党の態度を云々する者もあるようだが、対政府問題は政府が我が党に対する方針を改めない限り、我が党において我が態度を変更する必要を認めない。なお時局問題につき帰京の必要があれば何時でも帰京する」と書いています。このとき原は盛岡にいました。

元老、加藤高明に怒り狂う

国内の政治情勢を確認します。

海軍は清浦内閣を潰しましたが、ジーメンス事件で受けた痛手は大きく、自らもまた政治勢力ではなくなります。

山県閥の支配する陸軍は健在です。山県の手下にして陸軍の有力者は寺内正毅、ついで田中義一です。

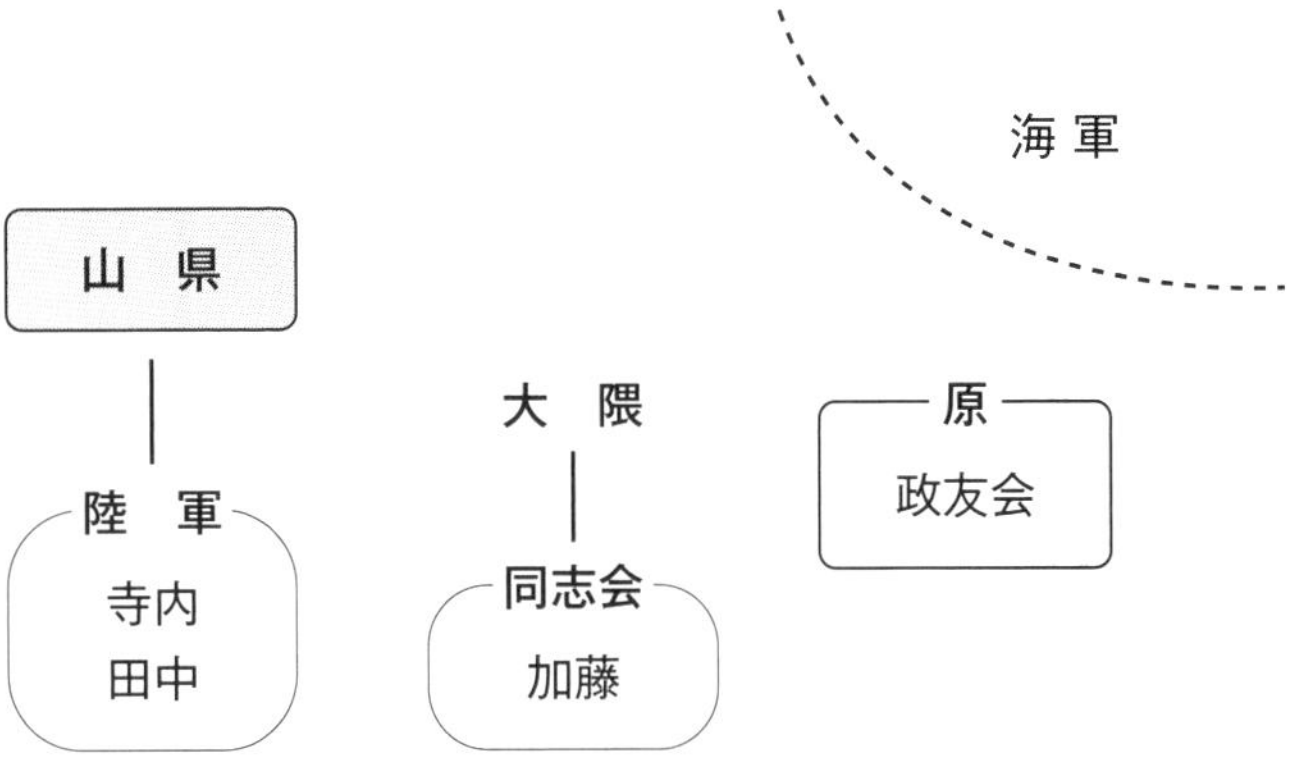

大隈内閣を支えているのは桂太郎の末裔である同志会です。桂は新党を結成しようとして志半ばで病死してしまいましたが、桂の死から二ヶ月後の大正二（一九一三）年十二月二十三日、その流れを汲む立憲同志会が結党式を挙げました。総裁は加藤高明です。

同志会のほか尾崎行雄率いる中正会、大隈伯後援会（大正四年十一月に公友倶楽部と改称）もまた与党連合を形成しています。先取りしますと、その三派が二年後の大正五年に合同して憲政会を結成します。

そして、原敬の政友会が野党です。野党ですが衆議院第一党です。

同志会は、このとき第二党で、総裁の加藤高明は大隈内閣の外務大臣として入閣し、副総理格の扱いでした。この加藤が秘密主義で、外交文書を元老に見せませんでした。明治三十一年以来、外交機密往復文書の写しを元老に送付することが慣例となっていましたが、加藤外相はこの慣行を廃止し、元老から請求があれば

外務当局者が説明を行うことに改めました（伊藤正徳編『加藤高明』下巻、一九二九年、四十九頁）。

参戦にあたっては前述のように閣議決定の後、八月八日の元老会議で最終決定を行いましたが、加藤は対英交渉の経過をその席で初めて元老たちに説明しました。加藤はうるさい元老の容喙《ようかい》を遮断しました。当然、元老の反感を買います。

加藤の悪評については、原にも断片的に情報が入っています。そして、山県を訪問して確かめました。参戦問題について一通り話した後、山県が政友会には「知人が多い」と言い出したので、原は「従来、閣下を訪ねる者が少なかったのは色々誤解または中傷を恐れていたからです。私も今後、訪問します」と申し出ました（『原敬日記』八月十四日）。

山県ら元老は、大隈が組んで政権運営しているはずなのですが、加藤が山県ら元老を無視するので敵の敵は味方のようになりつつありました。感情的にはいますぐ大隈内閣を潰したいのに、政友会を潰す前に大隈内閣を潰してしまっては元も子もないだろうと自重しているところです。

原はそれまで元老とは疎遠でしたが、政友会総裁になって以来、元老たち、とくに山県をしばしば訪問するようになります。首相決定権は事実上、筆頭元老の山県にありますから、政友会総裁の原としては山県の信頼を獲得しておく必要があるのです。

ともあれ、八月十五日に日本はドイツに最後通牒を発し、二十三日に宣戦布告します。

日本も第一次世界大戦に参加することになりました。ただ、戦争に参加したといっても、対岸より遥かに遠い火事なので、日本にはあまり危機感も真剣味もありません。こころおきなく元老と内閣が喧嘩しています。加藤の評判はガタ落ちです。

しかし、井上はこの頃に、大隈と政友会打倒について談合しています。加藤が山県を怒らせることがないように釘を刺しています（『世外井上公伝』第五巻、四〇七～四〇八頁）。原は大隈や加藤の悪口を聞かされていて、『原敬日記』だけを読んでいると、いよいよ元老が政友会寄りになってきたのかと勘違いしそうですが、そんなに甘くはありません。元老たちが大隈や加藤をよく思っていないのは事実ですが、それ自体が政友会に対する目《め》眩《くら》ましになっているのです。「正直に本音を言って、人を騙す」のが、元老たちでした。

九月十八日に、原が井上を訪問したときにも、井上は加藤の悪口を言っています。ただし、井上の言葉は、政府を換えるわけにもいかないとの口ぶりでした（『原敬日記』同日）。倒閣するわけにはいかない。かといって加藤をこのままにはできない。それで、加藤問題を解決するために、九月二十四日に元老四人が井上邸に大隈を呼び出し、覚書を作成しました。内容は「加藤に言うことをきかせろ！」「外交文書を見せろ」です。首相の大隈をとりこんで加藤外相をとりおさえようとはかりました（升味『日本政党史論』第三巻、二七二頁）。

ところで、このころ原の運転手が政府の手先に買収されて、原の居場所や会談相手など

を報告していました。原敬は半年ほどこれに気づきませんでしたが、運転手が警察に密告していたのが、逆に警視庁内部の人から通報があって発覚しました（原奎一郎『ふだん着の原敬』四十八頁）。

忘れそうですが、この時期、日本も戦争をしています。東洋のドイツ軍を相手に、日本軍は全戦全勝です。そんなことより原の関心は、政局です。十一月七日の青島攻略の日の『原敬日記』は、「青島陥落の公報出て新聞号外など賑わっている」の一行で終わります。続いて、田中義一と会い、「この内閣を倒すにはやっぱり元老に出てもらって……」と例のごとく政局問題について延々と書いています。

当時の大日本帝国は強すぎて、世界大戦などルーティンワークなのです。だから政治が弛緩してしまったのです。

第五章　怪物の「是々非々」の政治とは？

二個師団増設問題で総選挙、現代に至る公選法の原点

二個師団増設問題は、山県有朋元帥を頂点とする陸軍の悲願と化していました。そもそも海軍との予算獲得競争で負ければ、存在価値すら見失いかねません。役所とはそういうものです。それに二個師団増設問題は大正初年の政変で葬り去られましたから、政治的失地回復の象徴なのです。事ここに至っては、政策の中身などどうでもよくなっていたのです。

事実、二個師団があろうがなかろうが、朝鮮半島は大日本帝国の版図なのであり、脅かす者は誰もいないのですから。何のために二個師団増設にこだわるのか。組織としての意地です。

山県は大隈重信を首相に奏薦する条件に、二個師団増設問題の実行を条件に付けました。しかし、与党は第二党の立憲同志会。第一党は野党の立憲政友会です。原は山県を頻繁に訪れています。そんなときの山県は、大隈内閣、加藤高明外相の悪口を言うのが常です。加藤は、第二党である立憲同志会の総裁でもあります。

十一月四日の会談では、山県が「増師のことにつき政友会有志が同志会と共に反対を企てている者があるように聞くがどうだ」と問うと、原は平然と「そういう事もあるようで

す」と返します。山県は「陸軍に向かっては、『自分は原総裁と内談している。陸軍側でいろいろの運動をするな。総裁に向かって交渉するべきだ』と戒めておいた」と明言しますが、原も「増師に賛成して解散されては困る」と返します（『原敬日記』同日）。

この段階では妥協できず、物別れに終わります。

大隈内閣は二個師団増設案を提出しますが、大正三（一九一四）年十二月二十五日、衆議院で否決され、解散となります。

翌年三月二十五日の第十二回衆議院議員総選挙に向けての選挙運動で、政府側は人気者の大隈を前面に押し出します。隻脚にもかかわらず、全国を回り与党候補者の応援演説を行います。首相の選挙演説など、前例のないことでした。

さらに大隈は自身の演説を録音し、そのレコードを頒布するなど、異色の選挙運動を展開しました。大隈人気にあやかろうと、政友会でない候補者は中立ないし大隈支持を標榜した者も多くいました（岡『転換期の大正』六十八〜七十頁）。

そして原は、井上馨を見くびっていた報いを受けます。

財界に絶大な顔が利く井上は、与党側の選挙資金を調達します。財界人は井上に遠慮して政友会への援助を取りやめます。政友会は資金面で大打撃です。

一方、議会解散後、大隈は農相であった大浦兼武を内相に据えました。選挙干渉のプロに総選挙対策をまかせたのです。この大浦が歴史に残る大選挙干渉を行います。現在の公

職選挙法が意味不明な規定でがんじがらめになっているのは、このときの選挙干渉が理由です。元国会議員政策秘書の朝倉秀雄によると「公職選挙法や政治資金規正法をすべて遵守するのは、至難の業」とか（朝倉秀雄『国会議員リアル白書』二〇一一年、十六頁）。性悪説に立って、何もさせないようにしようという思想から生み出されているからです。たとえば、今の公選法では戸別訪問が禁止ですが、大浦は徹底的な戸別訪問で選挙民を買収、さらに警察権力を使って政友会支持者に圧力をかけました。

とにもかくにも、原が総裁になって最初の総選挙はさんざんな結果に終わりました。同志会は一五三、政友会は一〇八の議席を獲得。同志会の二倍近かった政友会が八〇もの議席を減らし、第二党に下っています。

しかし、原は議会内の数では負けたが民衆的地盤が崩されたわけではないから、次の選挙で取り戻すことは容易と計算しています（前田『原敬』一七九頁）。

買収する、脅迫する、野党だけ選挙違反で逮捕するなど、ありとあらゆる違法選挙活動が行われた選挙でした。今日に至る選挙違反の原点です。

そして、この頃から「選挙は与党が勝つ」と言われるようになりました。

明治初年の初期議会では、民党が必ず勝ちました。藩閥政府に負けない地盤を持っていたからです。藩閥は「民衆的地盤」を持っていませんでした。それが原の政友会、加藤の同志会（後の憲政会、民政党）のように地盤を持つ二大政党が与党になると、野党は覆せ

ません。

民主主義が機能していれば、選挙によって政権交代が起きるはずです。ところが戦前は、与党が内務省を支配しているので、警察を使った選挙干渉ができます。そのため、野党が選挙で勝って政権をひっくり返した例がほとんどありません。

とにもかくにも、政友会は議席を減らし、もう妨げるものは何もありません。選挙後の議会で六月二十一日、二個師団増設案は可決されました。

与党で事実上の副総理格の加藤高明外相は、暴走しています。元老に外交文書を見せないどころか、有名な「対華二十一か条要求」を、松方正義などは新聞で知ったとか（『原敬日記』大正四年四月十九日）。

政友会を第二党に叩き落とし、二個師団増設問題を通してしまえば、大隈や加藤などに用はありません。特に加藤は怨嗟の的です。

もっとも、不手際が続く加藤も問題ですが、筆頭元老の山県有朋も耄碌《もうろく》していました。原は大正五（一九一六）年一月二十四日の日記に山県の発言を記しています。

イギリス兵はあまりに弱い。フランスは一生懸命だ。これは学ぶべきだが共和制なので我国とは異なる。ロシアは種々の欠点がある。一例を挙げれば黜陟《ちゅっちょく》（信賞必罰）がはなはだしく、軍司令官だった者も一たび過ちがあればその罰としてすぐに師団長

に貶められるということであるから、人情の弱点として到底一致粉身の情を生ずることなどない。このような欠点があるので連合軍ははなはだ振るわない。まずドイツの勝利という形勢だ。これみな親しく現状を視察した者の言である。陸軍次官大島健一はドイツの勝利を断言しているくらいだ。

この日、山県はまた「加藤の英国流も到底その考えの通りに行かないようだ。元来、我が学ぶべきは英国ではなく、将来少なくとも数年間はドイツである。英語のみ普及することは好ましくない。英国流ならびに英国は頼りにならない」とまで述べています。

大浦事件、検察が政治家の政治生命を左右する時代に

山県の耄碌は、内政にも及びます。同志会の勝ちすぎに動揺しているのです。晩年まで山県は二大政党制を忌避し、議会政治ならば小党分立、三党鼎立《ていりつ》を望んでいました。つまり、子飼いの第三党が二大政党の争いでキャスティングボートを握れる形勢を夢想しているのです。ところが、いまや政友会に同志会が取って代わっただけです。

選挙後一ヶ月半ほどして原が山県を訪ねると、山県がしきりに政友会の心配をしてくれています。政友会議員の減少した理由を聞き、原が選挙干渉のせいだと答えると、山県は

干渉を知らない様子です。

とぼけただけかもしれませんが、「副議長は政友会から出すのが適当と言ったのに、中正会から出て驚いた」とか、「同志会は打ち破らなければならない」などと言っています。

原は、その真意を理解できなかったので、何も言いませんでしたが、さらに「自由党の旧に復して伊藤が政友会を組織した趣旨を没却するようでは困る」と政友会の分裂を恐れているようであったと原は書いています。山県は、まるで自分がかつて伊藤の政友会を潰そうとしたことを忘れたかのようです。

この大浦の選挙干渉はあまりにもひどかったので、五月二十五日、政友会総務委員村野常右衛門は委員を辞して、大浦内相が総選挙のさい競争候補を下りさせた礼金として代議士から一万円収賄した事件を告発しました（升味『日本政党史論』第三巻、二八〇～二八一頁）。なお、原は「国務大臣に関する事であるから、村野に告発の再考を促し」ていたとのことです（『原敬日記』大正四年六月五日）。

告発を受け、検察が動き出します。調べるうちに前議会において二個師団増設案を成立させるために、大浦が代議士買収をはかった事件が発覚しました。ときの検事総長は平沼騏一郎です。平沼は「私はなるべく刑事事件にせずに収めたいと思ったんです。それは大浦がいつまでも大手を振って政界にのさばっているということは許せません。だから自分のやったことは悪かったということで政界を隠遁でもすれば許してやろうと思っていた」

と回顧しています（『歴代総理大臣伝記叢書26　平沼騏一郎』ゆまに書房、二〇〇六年、二三一頁「巣鴨獄中談話録」より）。検察官が許すかどうかで政治生命を決めると、自分で言っています。

結局、大浦が政界を引退することを条件に起訴猶予となりました。七月二十九日、大浦内相は辞表を提出します。貴族院議員も引退しました。平沼は、政界の情勢を見て、大物大臣の大浦のクビをとりました。

ちなみに、このときの司法大臣は「憲政の神様」こと、尾崎行雄でした。尾崎は大浦のことが大嫌いなので、同じ内閣の仲間をかばうどころか平沼の独走を容認します。

大隈の狂言辞職とロンドン宣言、そして陰謀

大浦内相辞任の翌日、大隈首相以下閣僚全員が辞表を提出します。八月三日、元老会議は大隈首相に留任を勧告し、加藤外相の留任は許さないという条件で内閣を存続させます。事実上の内閣改造です。

十日に内閣改造が行われました。

総理大臣　　大隈重信（留任）

外務大臣　加藤高明→大隈重信（兼任）→石井菊次郎
内務大臣　大浦兼武→一木喜徳郎（文部より転任）
大蔵大臣　若槻礼次郎→武富時敏（逓信より転任）
陸軍大臣　岡市之助（留任）
海軍大臣　八代六郎→加藤友三郎
司法大臣　尾崎行雄（留任）
文部大臣　一木喜徳郎→高田早苗
農商務大臣　河野広中（留任）
逓信大臣　武富時敏→箕浦勝人

（　　は旧閣僚）

辞職してほとんど留任ですから「狂言辞職」などと呼ばれました（山本『原敬』一五八頁）。本当に辞めたのは加藤、若槻、八代だけです。憲政会で加藤側近の若槻はともかく、八代も加藤に殉じました。

ちなみに八月二十一日の『原敬日記』には、大浦事件に関してちょっとボケた山県の話があります。山県が「大浦のようなことは自分の時も伊藤の時もやった。機密金の支払先まで取り調べるようになっては困ったものだ」と述べた話をすると、伊東巳代治が「今日

のように直接議員の買収をしたことはなく、党の幹部とは肝胆相照らしてその是とする政策を援助することで、政府もこれに報いたことはあっても、決して個人の買収をして瀆《とく》職《しょく》法に触れるような所為をしたことはありません」と訂正しました。

また、実際に第十四議会以前に議員買収は道徳上の悪ではあっても法律上の犯罪ではありませんでした。議員瀆職法が制定されたのは第十五議会で、第四次伊藤内閣のときのことです（前田『歴代内閣物語』下巻、一二六頁）。この法律を山県は知らなかったのか。

余談になりますが、山県といえば豪勢な家屋敷や別荘を建てたことでも有名です。なかでも西南戦争の戦功による賞典禄で購入した土地一万八〇〇〇坪に建てた椿山荘には和洋折衷の優美な庭を造営し、現在では大規模な宴会施設・ホテルになっています。

ちなみに、そのすぐ近くにある目白台一丁目の田中角栄邸は、マスコミに「目白御殿」と揶揄されましたが、二五〇〇坪程度でした（竹内正浩『「家系図」と「お屋敷」で読み解く歴代総理大臣』実業之日本社、二〇一七年、〈明治・大正編〉四十八頁および〈昭和・平成編〉二〇二頁）。

翌月九月一日、井上馨が亡くなります。加藤外相が辞職してほっとしたのでしょうか。外相の後任は、駐仏大使だった石井菊次郎です。原はこの人物にあまり関心が無かったようです。挨拶に対しても、通り一遍の対応です（『原敬日記』十月十九日）。

『原敬日記』では触れられていませんが、この十月十九日、とてつもなく重要な出来事が

ありました。日本がロンドン宣言に加入しています。英仏露の連合国と、単独不講和を約しました。だから日本は大戦後、ヴェルサイユ会議に大国として招かれます。最後まで一緒に戦ったからです。そうした重大事に、原は関心が無かったようです。

ちなみに石井は加藤外相に対して早くからロンドン宣言に加入すべく具申していましたが、加藤は「貴下のいわゆる将来の講和談判に際し得策利益だという理由は了解しがたい」と却下しました。こうした経緯もあったので、大隈から外相就任要請があったときに、石井はロンドン宣言加入を条件にしていたのです。

石井はパリを去る前に英仏の当局者と会い、外務大臣に就任したらロンドン宣言に加入すると伝えています（石井菊次郎『外交余録』岩波書店、一九三〇年、一一六〜一一九頁信夫淳平『近世外交史』日本評論社、一九三〇年、四〇四〜四〇五頁）。

加藤の無能、極まれり。しかし、原は何の理由か、「内地政略の必要に起こったものと察せられる」と決めつけます（『原敬日記』十一月三十日）。

ロンドン宣言加入の十月十九日、原は石井の訪問を受けた後、山県を訪れて授爵を断っています。理由は、爵位を受けると貴族院議員資格を得ますが、衆議院議員を辞職しなければならなくなるからです。

現行憲法下でも、参議院議員の首相は一人もいません。衆議院議員でないと、「ヨソ者」なのです。そう思われると、代議士を統制しにくいのです。

原は生涯において、何度か授爵されそうになっています。多くの人は爵位を望みましたが、原は違いました。養子の貢（奎一郎）は理由として、以下の三点を挙げています。第一に衆議院に号令するため、第二に本人一代はともかく子孫が苦労するため、第三は元老たちに選考されるのでありがたくない、だそうです（原奎一郎『ふだん着の原敬』二二二頁）。

ただ、爵位というものは、本人がもらいたくないと思っていても勝手に事を進められてしまう場合があるので、原は先手を打って授爵されないようにしていました。このとき以外には、先の山本内閣、のちの寺内内閣で授爵の機会が訪れますが、いずれも、山本、寺内に頼み込んで話を潰してもらっています。

しかし、今回の首相は大隈で政敵ですから、山県に頼んでいます。それも最初は直接自分で行かず慎重に西園寺を通じて話してもらい、その後、じかにお願いし、後日さらに念押ししています（『原敬日記』十月二十九日）。

原貢によると、「父が生涯平民としてとどまり得たのは、こうした努力のたまものであり、『平民宰相』の称呼は、いくたびか到来した授爵のチャンスに対する必死の抵抗の結晶といえる」です（『ふだん着の原敬』二二一頁）。そして、実際に当時の大隈一派は、原に爵位を与えて衆議院の議席を取り上げてしまおうという陰謀を企てつつあったのだから、原の「授爵詮議粉砕運動」は、けっして大げさでも行き過ぎでもなかったとしています

(『ふだん着の原敬』二三二頁)。

日露協約も大戦も二の次で大隈おろしの政争

支那大陸の情勢は明治四十四(一九一一)年の辛亥革命以降、まったく安定しません。しかし中華民国は、革命の混乱の真っ最中に、第一次世界大戦に参加して国際社会で発言権を得ようとしています。ずうずうしいにもほどがあります。

ところが、そんな身の程知らずの中国に対し、大日本帝国の指導者たちはどうしてよいかわかっていません。

原は「このまま経過すると日本は将来ドイツより復讐されるだろう」「米国に対しては十分の注意を要する。少なくとも他日彼国が我敵とならない事に努めることが最も大切だ」などと田中義一参謀次長に語っています(『原敬日記』三月十六日)。

山県は田中に、将来の長州閥を継がせようとしていました。寺内正毅元陸相の次は田中だと思って育てていました。その田中は、政友会総裁の原に接近しているのです。原も田中も、いまだ政界に君臨する山県の次の世代を見据えていますから、利害が一致します。

原の方もどこまで本気か知りませんが、大戦でドイツが勝てば中国問題が困難になるなどと言っているのは、陸軍の親独姿勢にすり寄ったのでしょう。一方で、原の絶対の対外

政策は、対米追随です。これには田中の方も、同意の姿勢を示していますが、あまり深く考えていたとは思えません。そもそもこの会話が、単なる大隈内閣（外相は石井菊次郎である）への悪口なのですから。

この頃のアメリカのウッドロー・ウィルソンが如何に狂っていたか。そして、どれほど石井菊次郎外相が孤軍奮闘したかは、小著『ウッドロー・ウィルソン　全世界を不幸にした大悪魔』（PHP新書、二〇二〇年）をどうぞ。野党とはいえ政界に確固たる地盤を築いている原や、山県閥の寵児である田中から見れば、単なる職業外交官で政治的基盤が無い石井など、眼中にないのです。

実際、そんな石井を守る力は、大隈首相には残されていませんでした。

大浦事件後、大隈内閣の評判はガタ落ちです。総辞職したかと思えば、加藤と同志会一派のクビを切っただけで居座っているのですから、世論も呆れます。それどころか大正五（一九一六）年一月十二日には、大隈首相暗殺未遂事件が発生します。青年が大隈に爆弾を投げつけましたが不発でした。

議会では、衆議院は乗り切りますが、同月末には貴族院が反発します。予算の成立が危ぶまれる中、大隈は山県に泣きつきました。山県は総辞職を条件に、傘下の貴族院に対して予算成立するよう求めたとのことです。こんな話が、原に筒抜けでした（『原敬日記』二月四日）。

ところが、大隈は約束を反故にして、なかなか辞めません。各方面から圧力がかかっても粘れるだけ粘って、六月二十四日に辞意を内奏します。それでも辞めません。

この間、またもや日本は国際的に重大な決定を行いました。七月三日、第四次日露協約が調印されます。事実上の日露同盟です。「ロシアが離脱すれば、大戦の勝敗にも日本にも影響があるので、支えるべきだ」と、石井外相が元老を説得して持ち込みました（石井『外交余録』一二六〜一三二頁、岡『転換期の大正』八十四〜八十六頁）。

さすがの山県がいかに大隈嫌いでも、これを邪魔する訳にはいきません。大隈は、こうした動きをも利用して、政権に居座っているのです。

日露協約（同盟）に原は「米国より機会均等の主義に反する疑いをもって質問されるような形勢にあるという。その他外交上の失錯はほとんど数えられない」と、否定的です（『原敬日記』七月九日）。理由は要するに、「アメリカのご機嫌を損ねる」です。

そして大隈は奇襲に出ます。七月六日に、山県が寺内を次期首相に据えようとしていることがわかると、大隈は先手を打ちます。寺内と加藤高明の連立を持ち出しました。現職首相は、「自分の椅子を譲る」という武器を使えます。

山県もそうはさせじと、必死の攻防です。一ヶ月以上も、「辞意を表明した」「参内したが辞表を出さなかった」「辞意を撤回した」などのやり取りを続け、結局、大隈は居座ります。

山県と大隈のやり取りに呆れた原は、八月十一日から九月五日まで盛岡にお国入りしています。東京にいても、やることが無いからです。

大隈の最初の辞意が二月ですから、半年以上も政治の空白が続く中、石井外相ただ一人が世界の中で日本の地位を考えて必死に動いているのです。ちなみにこの間に起きたことは、ヴェルダン攻防戦、サイクス＝ピコ協定、ソンムの会戦、ルーマニアがオーストリアに宣戦、イタリアがドイツに宣戦などです。

そして九月二十七日、大隈は突如として天皇に加藤高明を推薦しようとします。元老で内大臣の大山巌に、元老会議を開かずに加藤を奏薦すると申し出ます。しかし、大山に一年前に外相として不適格だった人を、正式な手続きを経ることなく推薦するとは「諒解致し難い」と難詰されて、「返す言葉もなく逃げるようにして帰った」とのことです（岡義武・林茂校訂『大正デモクラシー期の政治　松本剛吉政治日誌』岩波書店、一九五九年）。

原、「是々非々」を宣言

十月四日、大隈がやっと辞表を提出します。辞表で加藤を後継に指名していました。しかし元老会議は大隈の指名など無視して寺内を奏請しました。このときの元老は山県有朋・松方正義・大山巌・西園寺公望の四人で、実質的に山県の決定です。山県と大隈の不

毛な権力闘争がやっと終わりました。

ところが、寺内は準備をしていませんでした。見るに見かねたのか、十月六日の日記によると、原は組閣参謀の後藤新平を通じて、様々な注意点をあげて指南しています。具体的には「閣員を決定してから、各党に援助を求めろ」「無用の手続きを止め、早く内閣を組織しろ」「交渉するときは国民党を忘れるな。少数で何の役にも立たないが、疎外して反抗させれば厄介」「同志会と提携するつもりがないなら、入閣云々の相談を止めて通告的に援助を求める程度にせよ」「毎日山県を訪問するな」です。ちなみに後藤は寺内内閣で内務大臣に就任します。

翌々日、寺内本人が原を訪ねてきたときには、「大隈内閣が放埒な政治をした後を受け、外交の始末など苦心を要するだろう。同情に堪えない」と前置きし、寺内に援助を請われると、「余は個人としては君との間に何らの隔意もないが、党としてはことさらに反対しないが、悉《ことごと》く賛成というわけにもいかない。我党の態度は中立だと思っておいてくれ」と宣言します。

ちなみに乾元社の十巻本『原敬日記』のこの時期を収めた巻のタイトルは「是々非々時代篇」です。この「是々非々主義」は、実は寺内内閣に対する政友会の支持的態度を粉飾した造語だそうです（岡『転換期の大正』一〇〇頁）。

要するに、与党としての責任は負わないが、基本的に協力する。そしてこちらの都合で

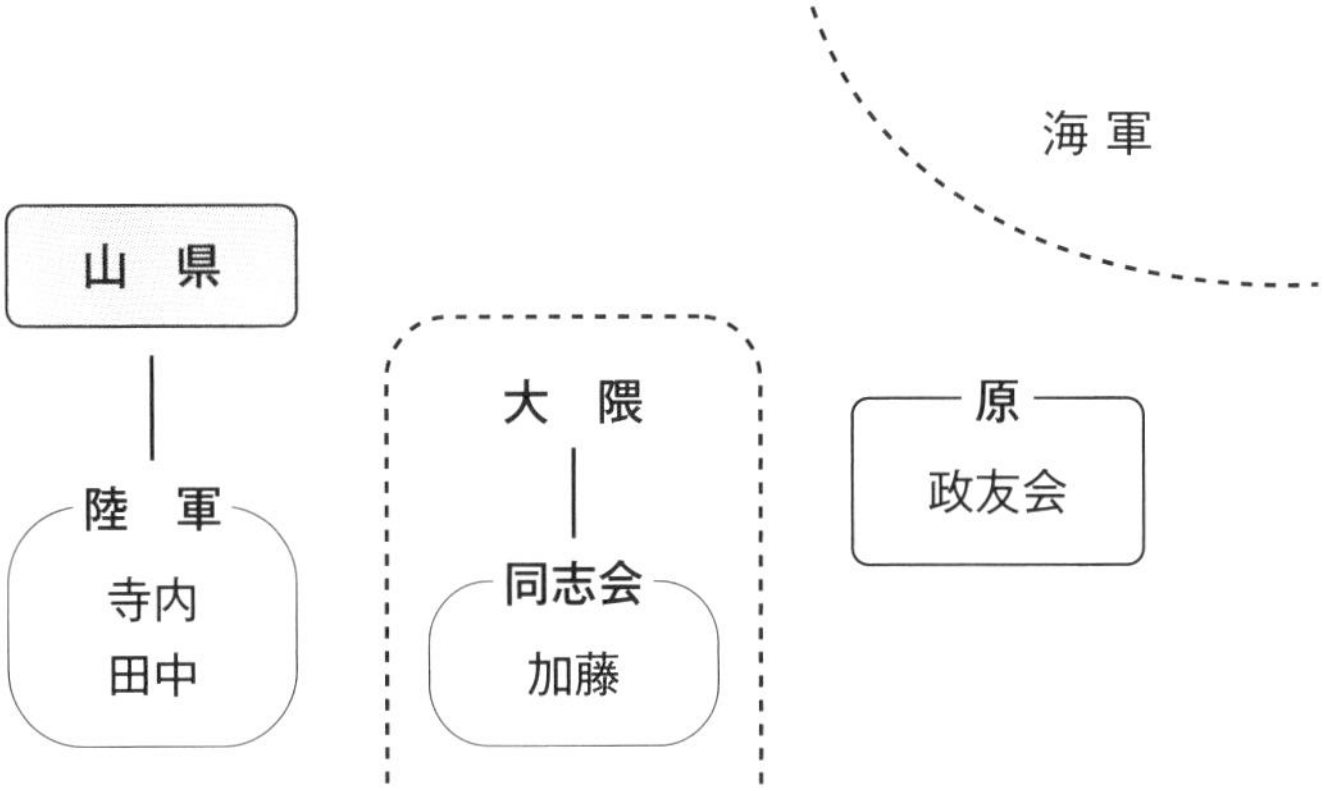

拒否権を行使するし、政権を譲ってくれるなら、もらってやる、です。

まさか、衆議院第一党である以外に何の取り柄も無く、むしろ組むと倍の敵が増えそうな加藤と組む訳にはいかない寺内に、原の申し出を拒否する選択肢はありません。だいたい、衆議院第一党の地位だって民意に基づいているのではなく、与党の権力を使って力ずくで作りだしたのです。ならば、政府権力で叩き落とせば終わりです。もっとも、そのときは原が率いる政友会が第一党に返り咲くのは確実ですが……。

上図は、当時の勢力図です。一六〇頁の図から大隈―同志会が脱落しました。

十月九日、寺内正毅内閣が成立します。

総理大臣　寺内正毅

外務大臣　寺内正毅（臨時兼任）→本野一郎→後藤新平
内務大臣　後藤新平→水野錬太郎
大蔵大臣　寺内正毅（兼任）→勝田主計
陸軍大臣　大島健一（留任）
海軍大臣　加藤友三郎（留任）
司法大臣　松室致
文部大臣　岡田良平
農商務大臣　仲小路廉
逓信大臣　田健治郎

寺内内閣の組閣は基本的に官僚および山県系による内閣です。政党からの入閣がないことから、寺内のあだ名「ビリケン」とかけて「非立憲内閣」などと揶揄されます。ただ、大隈内閣末期がひどすぎたので、どんな内閣でもそれよりはマシだろうと、超然内閣でありながら世論の攻撃は緩めでした。

余談ですが、ビリケンとはアメリカの芸術家が作った像で、時の大統領ウィリアム・タフトの愛称ビリーにちなんで名付けられました。それを福沢諭吉の子息が日本に持ち帰り、ショーウィンドウに展示していたところ、寺内が気に入って三個も買っていたそうです

「ビリケン」とあだ名された寺内正毅とビリケン人形（右）

（堀雅昭『寺内正毅と近代陸軍』弦書房、二〇一九年、二〇三頁）。現在では通天閣のビリケン人形がとりわけ有名です。

ここで山県は寺内という最後のカードを切ってしまいました。寺内の後は、もう手持ちのコマがありません。田中義一は五十過ぎで若すぎるというほどではありませんが、大臣経験がなく首相候補としては役不足です。といっても、目端の利く田中は、原を先物買いしているのですが……。

組閣の翌日、同志会・中正会・公友倶楽部を糾合して憲政会が結成されます。総裁は加藤高明。大政党にまとまりましたが、加藤はここから「苦節十年」の野党生活に入ります。実際には

七〜八年ですが、このフレーズが使われることが多いようです。

以後、政友会、憲政会、国民党の三派による三大政党制の時代になるのですが、憲政会の前身である同志会は国民党から党員を大勢引き抜いて作られた党なので、国民党と憲政会は犬猿の仲です。

政友会、総選挙で多数を回復

前田蓮山の言葉を借りれば「寺内内閣組織の実際の参謀長は原敬」でした（前田『原敬』一八五頁）。その結果、内閣の顔ぶれは、政友会の敵にも味方にもならない人選となり、原としてはちょうど良く満足できる組閣となりました。

原は寺内首相とは個人的に親しく、同郷の後藤内相に対しては再三にわたって政友会へと誘っています。それで、私人としては友人の寺内・後藤を助けるけれども、公人としては政友会の総裁なので、公正明大に「是々非々」で、中立を守るとの立場をとります。

なお、十二月十日に、内大臣の大山巌が亡くなります。また一人元老がいなくなりました。いても政治的な発言はしない人でしたが。

年が明けて大正六（一九一七）年一月二十五日、憲政会と国民党が内閣不信任案を提出したので、衆議院解散となりました。

二月六日、後藤が原のもとを訪れ、選挙資金として二十万円を出資したいと言ってきます。しかし原は、受け取りません（『原敬日記』同日）。これは、日記を信じていいと思います。受け取っていたら対等の交渉ができませんから。

むしろ、当時の原は山県の権力基盤をどんどん削っているとの、自信があるのです。巨大で盤石な元老山県に、小粒の原が挑み続けているイメージとは裏腹に、この頃には、むしろ原のほうが拒否権を使いこなして強くなっています。

好意的中立を約束した原でしたが、選挙運動をしていると、どうも政府側の動きがおかしい。御用議員の擁立を企てているようなのです。日記では「中立議員」と書かれています。寺内内閣が政党に属しない自前の与党議員を物色しているので、候補者を事前に通告すること、政友会の候補に政府は黙って金を渡さないこと、渡した場合は政友会に通報すること、憲政会の買収を取り締まること、などと覚書にさせます（『原敬日記』二月九日）。「勝手なことをするなよ」との恫喝です。

寺内内閣はこの協定を無視しようとしますが、選挙で政友会には勝てないと悟ります。原が真相を知るのは、四月二日です。山県と直接会談し、寺内や後藤は乗り気でないが、山県直系官僚の田健治郎が動いていると看取します。

原は山県に、持論の小選挙区制の導入に賛成させました（『原敬日記』同日）。耄碌した山県は、首相の寺内や内相の後藤の頭越しに、内務官僚出身だけど今は管轄外の逓信大臣

にすぎない田を使って、政友会と憲政会を相手にキャスティングボートを握れる第三党の樹立を目指したのです。もはや絶望的な政治センスとしか、言いようがありません。

第十三回衆議院総選挙は四月二十日に行われ、議席は政友会一六五、憲政会一二一、国民党三五、無所属六〇となりました。政友会は激増し、再び第一党です。国民党は微増。憲政会は大きく議席を減らし、第二党に転落です。

ところで衆議院解散から総選挙までの世界の出来事です。

二月一日　ドイツ、無制限潜水艦戦を宣言
三月十二日　ロシア、二月革命勃発（ロシア暦では二月）
三月十五日　ニコライ二世退位
四月六日　アメリカ、対独宣戦布告

石井ランシング協定の意味を理解できない外交調査会

寺内内閣は議会に足場を持たないので、各党に協力を呼びかけます。特に外交問題の解決にあたって挙国一致で行きましょうと臨時外交調査会を設けます。枢密顧問官の三浦梧楼が三党首会談を招集したりしていましたが、この外交調査会も三浦の発案のようです

（『観樹将軍回顧録』四五六～四六二頁）。しかし、声をかけられた主要三党がそのまま一致協力するはずがありません致協力するはずがありません。まず加藤が背を向けます。

調査会は「天皇に直隷して時局に関する重要案件を考査、審議」することを目的として、宮中に設けられ、委員には国務大臣としての待遇が与えられました。総裁に寺内首相、委員には本野外相、後藤内相、大島陸相、加藤海相、平田東助、牧野伸顕、伊東巳代治、原敬、犬養毅が任命されました。平田は貴族院、牧野は薩摩閥、伊東は枢密院を代表しての起用です。

加藤高明の言い分としては、寺内内閣の政策の責任を取らされてはかなわないということです。第二党党首の加藤がいないとなると、第一党政友会総裁の原の発言権が高まります。原にはこのとき弱みは何もありません。政友会は大臣も出していないし、金ももらってないから、好きなときに拒否権を行使できます。

さて、このときの大日本帝国は、大国です。赤道までが日本です。形式的に委任統治領になるのは数年後ですが、実質的にはもう支配権を及ぼしています。当時、支那大陸に日本本土より広い勢力圏を持っている軍閥はいませんから、台湾や朝鮮半島を加えた大日本帝国は領土的にも東亜に君臨する圧倒的な大国でした。その大国を率いる人たちが、この惨状なのです……。

九月十四日、高橋是清が原を訪ねてきて、後藤が「寺内内閣の後は政友会内閣を望む」

と言ってきたと話します。話を聞いた原は高橋に「内閣授受の問題は山県の存生中は予期できない」と言っています。だからこそ、原が山県に頻繁に会っているのですから。

翌九月十五日の外交調査会では、のちに締結される石井ランシング協定が議題となっていました。前外相の石井菊次郎は、特命全権大使としてアメリカに派遣されていました。

石井ランシング協定は、米国は中国における日本の特殊権益を、日本は中国の門戸開放を承認した交換公文です。この頃のアメリカ、というより大統領のウッドロー・ウィルソンは、日本を敵国のように扱っていました。それどころか、イギリスとドイツを同時に挑発するような所業に、世界中が頭を抱えていました。そこで石井は、政権で疎《うと》まれているけれども権限があり、話がわかるランシング国務長官に日米双方の利害を確認する協定を結ぼうとしたのです（前掲『ウッドロー・ウィルソン』）。

これに対する原の反応は、「非常識な申し出」と一刀両断です。寺内が「米国の意向を探り見ることとしてはどうだろうか」と言うので、原は賛成します。あげく、「石井は我が対支方針を誤解させないように十分の説明を各地にして帰るだけでいい。その他のことは駐在大使にさせればいいだろう」とまで言い出し、その場にいた全員が賛成しました（『原敬日記』九月十五日）。

寺内は、原の言いなりです。二十九日にも寺内と原は、「過日調査会で決定した米国に対し支那問題につき石井に申し入れさせた件、成功の見込みがないようだ」「今日の米国

はこのような問題に取り合う国情とも思われないので到底無効なること怪しむに足らない」などといった会話をかわしています（『原敬日記』同日）。

ところが事実は、石井のたぐいまれな手腕でランシングは同意します。そうなると原は、あっさりと反対を取り下げます（『原敬日記』十月三日）。「アメリカが賛成するなら構わない」です。石井はウィルソンとランシングの深刻な対立を読み取り、日本の国益を認めさせているのですが、原にとっては「アメリカは誰であろうとアメリカ」なのです。そして、アメリカに追随することが、日本の国益だと信じて疑っていないのです。

十一月二日、石井ランシング協定が成立します。

ロシア革命、原の不介入論に全員が追随

石井ランシング協定成立の数日後、大事件が起きました。ロシア十月革命です。西暦では十一月七〜八日ですが、ロシア暦では十月です。ウラジーミル・レーニンが、ソヴィエト政権を樹立しました。

ロシア革命直後の『原敬日記』に、関連した記述はあまりありません。十一月十二日に「満洲における鉄道買収の件がロシアの今日の政変状態ではいろいろと困難だ」とあるほか、同月十七日には「露国の近況については来電がないので、その真相を知ることができ

ない」と。要するに何もわからないので、何も書けないのでしょうか。情報が少ないのも確かですが。

もっとも、後の世に生きる私たちは、レーニンが政権を取り、スターリンが引き継ぎ、ソ連が社会主義諸国を率いて世界を二分する大勢力となっていくことを知っていますが、当時の人々は、短命に終わる、にわか政権と思っているのです。

実際に、「政変」は、この年の二月から始まっていて、政府は「臨時政府」やら「第何次連立政府」やら、コロコロと代わっていました。今回の「政変」もそのうちの一つぐらいにしか思われていないのです。

石井が恐れていたように、ソヴィエト政権は十二月に休戦し、翌年三月にはドイツなど同盟国側と単独講和を結びます。

西ヨーロッパ諸国は十月革命の異質性に気づきます。一三〇年前のフランス革命のときは周辺諸国の革命干渉戦争は失敗しました。だから、今回は早めに潰しておかなければ大変なことになると、欧州のインテリは直感的に感じるのです。原はフランス滞在経験がありますが、そういうことは学んでいないようです

長引く大戦で疲れ切っているにもかかわらず、ヨーロッパは介入します。日本にも援助の要請が来ますが、当初は政府内部でも不介入派が圧倒的でした。

十二月には、外交調査会で議題にのぼります（以下、原の発言はすべて同月の『原敬日

記』より)。

九日、原は不介入論を主張します。本野外相から「列国より相談を受けた時はどうするべきか」との質問に、原は「ロシアの成り行きを見て決定すると答えていいのでは」と答えています。

二十七日にも外交調査会で議論になりますが、原は「大戦に至る覚悟なければ一兵卒も出すべきでない」「十分の覚悟なしにはわずかでも出兵はできない」などと、誰でも言える一般論で出兵絶対反対を唱えます。

年が変わって大正七(一九一八)年、年明け早々の一月八日にアメリカのウィルソン大統領は十四ヵ条の宣言を出しました。これはロシア十月革命のときにレーニンが起草した「平和に関する布告」への応援の意味もあります。実際にウィルソンはレーニンに同情的でした(A・J・メイア『ウィルソン対レーニン』二巻本、岩波現代選書、一九八三年)。

なお、日本の言論界では吉野作造が、まさにこの四月、『中央公論』に「所謂出兵論に何の合理的根拠ありや」という論文を書きます。吉野は「予輩は絶対的出兵反対論者ではない」としつつ、ドイツの勢力がロシアに及ぶのを阻止するためにシベリアに出兵すべきのような薄弱な根拠による議論を戒めています。

吉野の批判は、主に陸軍に同調した議論です。吉野は知る由も無かったですが、実際は原が主導する「アメリカが出兵していないのに日本がする必要が無い」が主流でした。

四月四日、ロシア大使の内田康哉が帰国して、ロシア情勢について報告をします。内田は「秩序も日本で想像するように乱れていない。現に我々が無事にシベリアを通過したことでも、その一端を知り得るだろう。日本より出兵するなどもってのほかである」などと報告し、さらに「たびたび露国の情報を政府に送った」が、本野外相が握りつぶしたとまで讒言《ざんげん》しています（『原敬日記』同日）。

革命で大混乱のロシアを「秩序が乱れていない」などとする大使の報告など、恥ずかしくて外交調査会で披露できないのは当然でしょう。それどころか内田は逆にソヴィエト政府を評価し、早期承認を外務省に申し入れています。レーニンのことも「一種の信念に基づき誠意これを貫徹せんとする人物にて、学識もあり機略弁論もあり彼ら仲間には崇拝せられ」などと絶賛しています（『伊集院彦吉関係文書　第二巻〈駐伊大使期〉』芙蓉書房出版、一九九七年、四十五頁）。

ちなみに、当の四月四日、ウラジオストクでは日本人殺傷事件が起こります。武器を持った五人のロシア人が日本人の商店に闖入《ちんにゅう》して金銭を強要し、拒絶されると三人の日本人に殺傷を加えるという事件が勃発。二隻の軍艦から陸戦隊の上陸が命令され、イギリス軍艦もこれに続くように水兵を上陸させました（細谷千博『シベリア出兵の史的研究』岩波現代文庫、二〇〇五年、九十八頁。初版は一九五五年）。

原は自分と同じ考えだと、こんなに当てにならない内田を高く買います。

このころ寺内は重い病を得ており、後藤は後継問題について原に相談しに来ます。原は「寺内があるかぎり政友会は政権争奪などは企てない」と明言しますが、同時に「寺内は大隈内閣の失政の後だから、中立と言いながら多く援助したが、次にまた超然内閣となっても、同様の援助をしないだろう」と釘を刺してもいます。また、寺内本人に対しては次のように同情しているのか軽蔑しているのかよくわからないことを言っています（『原敬日記』四月十七日）。

寺内ほどの幸運の者はいない。大隈内閣の後を受けて世上の同情を得た。また山県がときどき寺内の不足を言うので、これを知る者は、「寺内は山県の言うことも聞かず、意思が強い」と言うと同時に「苦境にあるのだろう」と同情している。世の人は寺内に始めより大経綸を期待せず、真面目なだけを認めているから、今、病気のために無難に職を去れば、一層同情も集まり、健康回復すれば、他日再び政局に立つ余裕を生じるだろう。病気は不幸だが、政事的には幸運だ。

政権は目の前です。渡さなければ、力ずくで捥《も》ぎ取るだけです。

シベリア出兵はアメリカの意のままに

原は入閣していないとはいえ、第一党党首として外国人からも一目置かれる存在となっていました。

四月二十日、ロシア立憲民主党極東合議会総務ミタレフスキーが原を訪ねてきます。いわゆる白軍、穏健派の指導者です。日本の助力を得て、祖国をレーニンから取り戻そうと、命懸けの陳情に来ました。これに対する原の返事は「米国はこれを喜ばずむしろ過激派に同情を有するもののようだ。どうか？」と逆質問しています（『原敬日記』同日）。どこまでもアメリカ追随、アメリカがレーニンの過激派政府に同情的なので、穏健派を見捨てると本人に宣告しています。

また二十七日には、今度は支那南方派の要人、唐紹儀が原のもとへとやってきました。当時は北京政府に対し、南方政府が抵抗し、他にも軍閥が割拠して大混乱でした。南北問題について議論した後、アメリカの話に移ります。

唐が「大統領ウィルソンはリンカーン以来の英才だ」と持ち上げると、原は「然り。ただ米国今後の行動はどうするかは注目に値する」と応じています。結局、原は日本の勢力を利用しようとしているだけだろうと観察しています。しかし、原のアメリカびいきが中

国人にまで知れ渡っていたのは驚きです。

六月になると、ロシア革命干渉戦争の極東戦線であるシベリア出兵が政治課題となります。

十九日、出兵に傾きつつある政府に対し、外交調査会で原は意見を述べます。「帝国政府は自衛上必要な場合には出兵すべきだが、重大な理由なくしては妄《みだ》りに軍事行動を取るべきものではない」です。これは、「アメリカが行かないのに、なぜ行くのか」の意味です。「米国のなすところを見ると、過激派を懐柔してその歓心を得ているようだ。出兵を差し止めたりするようなことも、むしろ過激派の歓心を得るために利用したような疑いがある」と主張しています。

さらに、「シベリアに出兵すれば、いかなる口実をもってしても過激派を敵にする結果になる。……その結果は露独間に一層の結合を固くすることとなるか、またはドイツが西部ロシアに十分の活動を誘起することとなるか、いずれにしても容易ならざる事態を生ずると思わざるをえない」とも述べます。フランス革命に際し干渉戦争が遅かったので、革命がヨーロッパ全体に輸出された教訓で、英仏はロシア革命に対する早めの干渉戦争を提議しているのです。驚くことに原は、そのレーニンら過激派を叩き潰すこと自体に反対なのです。

ところが、状況と原の言動は激変します。

七月八日にアメリカがウラジオストクへの日米共同出兵を提議してきます。十四日に原が山県を訪ねると、それまで慎重だった山県が「先般来の自重論は忘れたように出兵の必要を説き」はじめます。そして、原もまた日米提携の必要を説き、山県の同意を得ています。同日、西園寺が来訪し、原は「米国の提議に対し、これに同意すればいいが、政府がこの提議を利用してシベリアに出兵を企てることは不都合で、国家の危険を誘起するおそれがある」との趣旨を述べます。

また夜には牧野伸顕が原を訪ねてきますが、原は「ウラジオに出兵することは将来日米提携の端緒となると思うので、これには同意」すると言っています。

つまり、出兵するかどうか、どの程度、どこまで出兵するかはアメリカさま次第なのです。

八月一日、ついに外交調査会は、日本軍をウラジオストクへ派遣することに決定し、翌二日、シベリア出兵を内外に宣言しました。

これが寺内内閣の命取りになります。

米騒動と原への大命降下

シベリア出兵を控えた七月末から米騒動が起こります。出兵が近いことを予想した商人

の売り惜しみや軍による米の調達により米の価格が急上昇し、その結果として全国で暴動が起こったのです。軍隊を動員して鎮圧しなければならないほど大きな騒擾《そうじょう》でした。同時に健康を害している寺内の後継問題も上ってきました。

伊東巳代治などは原に、「内閣の更迭が近いから、次は原内閣だろう」と言ったりしますが、原は「倒閣の意思はないし、後継内閣については君の言うようなことはない。山県の意中にはその系統の人々のみ浮かんで政党に考えがおよばない。……平田にせよ清浦にせよ、彼らを推し百計尽きたらあるいは余に持ち越すこともあるかもしれないが、余は第一の問題ではない」と答えています（『原敬日記』七月二十七日）。

山県は寺内が再三辞意をもらしてきたにもかかわらず、辞任を許さず押し留めてきました。「大隈は辞めなくて困ったが、寺内は二言目には辞職と言うので困る」と不平を漏らしています（『原敬日記』七月三十一日）。しかし、八月後半には、寺内の決心が固いことを知り、慰留をあきらめます。

ところで米騒動の真っ最中、原は八月七日から盛岡に行き、九月四日まで東京に戻ってきません。危ないときは地元まわりする、原敬お決まりのパターンです。

政友会幹部の横田千之助幹事長が盛岡までやってきて、原に帰京を促しますが、動きません。

政争の怪物は、勝ちが見えたときは焦って動いてはならないと熟知しているのです。横

田に「帰京したら何らかの政党的行動をとらなければならない。そうでなければ世間も満足しないだろう。東京で政府の意向を確かめて報告してくれ。米騒動が鎮静したら辞めるというならよし、そうでなく当分留任のような意思なら、帰京して政党的行動によって政府の非難を公表して彼らの無責任を詰問しよう。……だが、余はこの最後の手段を好まない。願わくば彼らを穏便に退却させるのが望ましい。君、帰京したら寺内の真意を確かめてくれ」と命じます（『原敬日記』八月二十日）。

政府がおとなしく総辞職するのならいいが、居据わるつもりなら考えがあると吹聴せよとの命令です。横田は盛岡にいる原を訪ねる前に山県に会っています。山県は米騒動を憂慮していました。政党内閣に抵抗のある山県は、生半可な返事でした。

原はこの時点で政権獲得を確信しています。寺内が消えれば、もうライバルは誰もいません。山県が「原総理」を認めるか否かだけなのです。

二十日の日記では「後継内閣のことなどは眼中に置く必要はない。いかなる内閣でも来ればいい。その内閣が官僚系ならば全力を挙げて之を打破する。そのときは憲政会とも提携する。そうなれば官僚系を一掃して政局を一新することができるだろう」ともあり、政権が獲得できなければ全面戦争だ、と手ぐすね引いて待っています。

「そのときは憲政会とも提携する」との表現に、原の覚悟が見えます。実際に原が桂新党の末裔である憲政会と組んだことは無かったのですが、山県が「原首相」を認めなければ

本当にやる気だったのでしょう。こうした覚悟は、空気として伝わるものです。

ところで、山県のところに出入りしている貴族院議員の松本剛吉という怪しい人がいます。彼もまた膨大な日記を残し、大正政治の一級史料です。関東大震災のとき、これだけ持って逃げ出したそうで、おかげで今でも、岡義武・林茂校訂『大正デモクラシー期の政治　松本剛吉政治日誌』（岩波書店、一九五九年）として読むことができます。

『日誌』八月十一日の項には「先達、君は横田千之助を連れて来てくれたが、あれは立派な人だ」との山県の言葉が記されており、横田を山県に会わせたのも松本のようです。

その松本によると、山県は西園寺に後継内閣を率いてほしかったようです。しかし、西園寺は例によって病気を理由に断ります。山県はウソだろうと言わんばかりに問い詰めます。

山県「不治の病という診断があるか」
西園寺「それはない。激職につけば三日寝て二日起きるという有様であるからダメだ」
山県「政務は寝ていても見られる。私はこの歳になっても枢密院議長を持ち、事あるの日は奔走している。あなたは私より歳は若いじゃないか。私は新平民ではないが、つまらぬ士族より身を起こして今日の栄職を辱うしているが、あなたは系統正しき公

卿ではないか。三日寝て二日出られる位の病気ならば、お受けなさることは当然である」

山県は詰問するように西園寺に「出ろ」と言い続けますが、西園寺はあくまで固辞します。

山県からこの話を聞いた松本は総裁候補について聞きます。

松本「平田さんはどうでしょうか」
山県「断じてやらぬ」
松本「伊東さんはどうでしょうか」
山県「それは君、よく知っているじゃないか。あれは誠意がない。組織が難しい。あれではダメだ」
松本「では清浦さんではどうですか」
山県「そうさ、清浦は先年しくじったことはあるが、世間では同情を表している人もあるらしいからいいかもしれないが、組織が難しいだろう。寺内が本年の議会の済んだところで頭を換えて改造でもするということならそれでもよかろうが、今日となってはダメだろうと思う」

松本「それなら原総裁はいかがでございましょうか」
山県は何ら答えず両眼をつぶったので、松本は山県の意中の人は原だと確信しました。
(『松本剛吉政治日誌』九月十一日)。

平田東助、伊東巳代治、清浦奎吾……すべて山県子飼いの官僚です。もしその人たちを後継首相に推しても、その内閣は「一掃」されて終わりでしょう。寺内内閣は約二年、原の認めないことは何もできませんでした。意に沿わぬことを通さず逆らわなかったから、内閣は命脈を保ったのです。

それにしても、そこで確信したというより、後継が原におさまるように話を持っていったのではないかとも思われるやりとりです。松本は翌日、原を訪ね、山県との対話をもれなく伝えました。本当はどう伝えたかわかりませんが、少なくとも『日誌』に「もれなく」と書いてあります。

後継首班を決定するにあたって元老会議は開かれませんでした。山県と松方が疎遠だったためと、山県は大隈の御召も希望し、その大隈と松方も仲がよくありませんでした。それで個別に御下問にお答えする手順となったのです(升味『日本政党史論』第四巻、三二六〜三二七頁)。山県・松方・大隈ともに西園寺を推します。

後継問題に目途《めど》がついたところで、二十日、寺内首相が辞表を提出しました。

この日、西園寺が東京に出てきて、翌日の参内について原と相談しています。内閣は引き受けないと固く言ってあるけれども、山県はまだ何か企んでいるかもしれないので、万が一の場合、どうやって断ろうかと悩んでいます。

また清浦や伊東の近況に話がおよんだとき、西園寺のところに女優の貞奴が来て伊東巳代治を推しています。どうでもいいことですが、おもしろい話なので紹介します。

貞奴「寺内の後に伊東巳代治を挙げることに尽力をお願いします」
西園寺「なぜか」
貞奴「伊東さんは伊藤公の正系だから……」
西園寺「それは違う。伊藤公の正系は自分と原だ。伊東はただ伊藤に使われていたにすぎず、正統ではない」

当然、西園寺は「馬鹿らしきこと」として、「誰かに頼まれたことと思」って取り合っていません。

女優貞奴といえば昭和六十（一九八五）年の大河ドラマ『春の波濤』の主人公で、松坂慶子が演じたことを覚えている方も多いでしょう。貞奴は芸者時代、伊藤博文に贔屓《ひいき》にされていました。ドラマは明治の元勲たちの遊廓での恥ずかしい所業を片っ端から描いたの

で、子孫から猛攻撃を受けたとか。
貞奴の夫である川上音二郎（配役：中村雅俊）は明治四十四（一九一一）年に死んでいるので、右記の頃は福澤諭吉の娘婿・桃介（配役：風間杜夫）と仲が良かった（よりを戻していた）はずです。

話を戻して、翌八月二十一日、西園寺に組閣命令が下ります。御下問と思って参内した西園寺は大命降下に驚きます。やはり山県は諦めきれずにこんな小細工をしていました。西園寺は山県に文句を言いますが、「手違いがあった」と笑って流されます。山県にしても西園寺が受けるとは思っていなかったでしょう。

これは、ひとつには原（政党）に政権を渡したくない山県の嫌がらせです。力をなくしてきている山県としては、原によって強力な政党内閣をつくられたら、コントロールがきかなくなるのが怖い。

その一方で、もう原内閣でも仕方がないと山県も思っています。それでも、自分で原を指名したくないから、西園寺に奏薦させる、ある種のセレモニーです。二十五日、西園寺は当然の如く、大命を拝辞します。

大正七（一九一八）年九月二十七日、原敬政友会総裁に内閣組織の大命が下りました。

第六章　怪物、最強の宰相に

日本の政治は拒否権で決まる

原敬は、怪物政治家です。気が付けば、原に逆らえる人物は、日本にいなくなっていました。政党内閣を絶対に認めたくない筆頭元老の山県有朋も悪あがきをしますが、もはや原政友会の組閣を認めざるを得ません。

では、原の何が怪物だったのか。政治のルールを熟知し、誰よりも使いこなしたからです。

政治のルールは、憲法と関連法規によって定められます。また、目に見えない運用も、ルールを形成します。原はそれらのルールを使って、あらゆる政敵を屈服させました。そして憲政史上最大の怪物政治家にのし上がったのです。

帝国憲法制定以来、政治は元老の藩閥官僚政府と衆議院に立て籠もる政党の対立で推移しました。元老は、宮中・枢密院・貴族院・陸海軍・文官などの官僚機構を支配していました。藩閥内部の対立もありましたが、最終的には藩閥政府として結束するのが常でした。しかし、その結束した藩閥が支配できない唯一の機関が、選挙で選ばれている衆議院なのです。

衆議院は自由民権運動以来、反政府勢力の牙城です。そして、そんな衆議院が、予算を

握っています。予算は国家の意志です。だから、政府が提出した予算を衆議院に否決されたら、内閣は総辞職せざるを得ません。かといって、衆議院の二大政党に政権担当能力はありません。

そこで伊藤博文は、自ら政党を組織しました。立憲政友会です。藩閥を代表する桂太郎首相は、政友会との提携で日露戦争と戦後経営を乗り切りました。しかし限界を感じ、自ら新党を組織することとなります。これが立憲同志会、後に憲政会となります。

大正政界には四つの勢力がありました。

第一に、陸軍。伊藤に代わって筆頭元老となった山県有朋を頂点とする山県閥の中核です。山県は寺内正毅を将来の総理大臣候補と考えていました。清浦奎吾など、総理大臣候補となる官僚も揃っています。

第二に、海軍。山本権兵衛は陸軍に対抗しようと、虎視眈々でした。

第三に、政友会。既に西園寺公望総裁の時代から原敬が切り盛りしていました。

第四に、憲政会。桂太郎の後継者である加藤高明は、第二党の地位を犬養毅の国民党から奪い、大隈重信を擁して一時的に権勢をふるいます。

最初に後退した政治勢力が海軍です。ジーメンス事件で山本権兵衛内閣が吹き飛び、山県閥の陰謀に屈しました。後継に奏薦された清浦奎吾の内閣に大臣を出さず葬り去る意趣返しをしたのが、最後の政治的行動となりました。

次いで、大隈内閣の退陣とともに、加藤高明は「苦節十年」の野党生活に突入します。加藤は二年だけ衆議院第一党の地位を得ましたが、すぐに政友会にその地位を奪い返されました。

そして寺内正毅が組閣したとき、衆議院第一党である政友会、すなわち総裁の原敬の意向を抜きにしては何事もなしえませんでした。既に政友会は西園寺総裁時代の二度の組閣で、十分に政権担当能力を身に付けていました。特に原は内務大臣として警察と地方行政、そして選挙を掌握します。すなわち内政全般に影響力を行使できる力を手にしました。枢密院、貴族院、検察、その他の官庁にも人脈を広げます。

なお、現代日本では大蔵省が「官庁の中の官庁」として君臨していますが、この頃は原に「これは政治の問題だ。大蔵省は引っ込んでいろ！」と凄まれたら、すごすごと引き下がる程度の存在です。いつ予算を衆議院に否決されるかわからない政治状況では、主計局の予算編成権はそれほどの政治力を持ちえないのです。

また、検察に対する原の警戒は既に述べましたが、自身の内閣で陪審制を通し、牽制する力を持ちます。ちなみにですが、戦前の内閣法制局は何の力もなく、長官が政治的な使いパシリをさせられる描写が『原敬日記』にも何度も登場します。

原は数多《あまた》の政治抗争の中で時の政権に対し、巧妙に拒否権を行使し、そのたびに時の首相は政界から脱落しました。そして山県有朋の切り札である寺内正毅の内閣が倒れたとき、

原に対して拒否権を行使できる者は誰もいなかったのです。

原は満を持して政権の座に登りました。

大命降下の日の『原敬日記』には組閣について書かれていて、平沼騏一郎に司法大臣就任を断られ、とりあえず原が兼任するほかは一日で組閣を終えています。原敬内閣の閣僚は以下の通りです。

総理大臣　原敬
外務大臣　内田康哉
内務大臣　床次竹二郎
大蔵大臣　高橋是清
陸軍大臣　田中義一→山梨半造
海軍大臣　加藤友三郎
司法大臣　原敬（兼任）→大木遠吉
文部大臣　中橋徳五郎
農商務大臣　山本達雄
逓信大臣　野田卯太郎

外務と陸海軍以外の閣僚は政友会員です。そして、外務の内田は、原とは官僚時代からの付き合いで、日記に「親友」と書かれるほどの仲良しです。軍部大臣の田中義一陸相・加藤友三郎海相は、ともに原とは懇意の間柄です。

なお、御用評論家の前田蓮山が「よく山県が承知しましたね」と聞いたのに対し、原は凍りつくような答えをしています。

「米騒動だよ。もし政友会が扇動したら、山県は殺されたかもしれないよ」

（前田『原敬』・九五頁）

次期首相に関し、形式的な決定権は山県にあったかもしれませんが、実質的な拒否権は無かったのです。

世間は「平民宰相」を歓迎します。一方の原は、「維新以来、我が先輩の尽力で何事も政府は一歩先に進み改良をしてきた。余もこの趣旨を取る。人民より迫られて始めて処置を取る様では国家のために憂うべきことだ」と翌年七月十日の日記に書いているように、実は、世論や民衆をまったく信用していません。

シベリア出兵はどうなった?

原内閣で外相となった内田は、ロシア革命勃発時には駐露大使でした。前述（第五章）のようにシベリアへの出兵には消極的だったので、当時の後藤新平外相に睨まれて七月にロシア大使を辞任していました。原としては、出兵抑止派であるところも意見が一致して外相起用となったのでしょう。

シベリア出兵といえば、その動員数として、寺内内閣だった八月の計三個師団、約七万二四〇〇人が挙げられることが多いですが、これは出兵期間を通しての最大兵力です。

原内閣の組閣は九月末ですが、組閣後一ヶ月のうちに出兵を抑止する方向へと舵を切り、十月十五日にはバイカル湖以西には兵を進めないことに閣議決定します。寺内内閣では出兵を推し進めた田中が、原内閣に陸相として入閣してからは、一転して出兵抑止に協力的です。忖度と言うべきか、阿諛追従《あゆついしょう》と言うべきか。

そうこうするうちにヨーロッパでは、同盟国が次々と降参しました。十一月三日にハプスブルク帝国が、十一日にドイツが休戦協定に調印します。四年の長きにわたった第一次大戦は、ここに終息しました。

こんな世界の趨勢も背景にあって、十六日にはアメリカが日本政府にシベリア出兵数、

シベリア鉄道独占などについて抗議してきたので、日本は二十日に「兵数は五万八六〇〇に減らす」と回答します。

原のアメリカ追従は一貫していて、みずから軍を逐次投入すると宣言しています。もちろん、ロシア革命を叩き潰すなどという意識はゼロです。

さらに十二月十八日には田中義一が、「大兵を置く必要はない。平時編成でいい。現在の五万人を減らしてもいいぐらいだ」と言い出します。アメリカ追随の原に、陸軍が追従し始めたのです。

田中の方から、「西シベリアにおける軍隊は西部には英仏の要求あるが進行せず。今や最初の目的だったチェコスロバキア救済の目的を達してほとんど大軍駐屯の必要がないので現在のままに差し置くのは各国の疑惑を免れないだけでなく、米国の不快も改まらず、また費用も莫大なので何のためにこの巨資を投じて大兵を置くかと議会の質問にあっても答弁の道がないようなことは国家のために得策でないので、治安を保つ守備隊に止《とど》めて他は召還し、平時編成に改めてはいかが」などと言い出します（『原敬日記』同日）。

翌日十九日の閣議で減兵を決定します。軍事合理性も何もありません。

大幅に撤兵し、二万人でバイカル以東を守る。それではレーニンが生き残って当然でしょう。別に原がレーニンに買収されていたわけではなく、とことんまでの対米追随の結果です。

何となく決めたヴェルサイユ講和会議の人選

ドイツが敗戦したので、講和会議が開かれるにあたって、日本でも人選が進みます。原はこの件で、十一月十七日に山県を訪ねています。原は「世間には加藤高明適任との説がありますが」などと山県が受け入れるはずがない名前からはじめて、伊東巳代治、牧野伸顕、西園寺公望、珍田捨巳駐英大使、松井慶四郎駐仏大使の名をあげています（『原敬日記』同日）。結果、原が推した西園寺と牧野に決まります。

それにしてもヨーロッパ中が待ち望んでいる人の名前が出てきません。年が明けた一月、ようやく出てきました。大正八（一九一九）年一月十日、首相の原と外相の内田の会話です。

内田「講和委員諸大国は五名を出すことになったので、伊集院駐伊大使を委員に加えてはどうか。石井駐米大使が希望しているが米国を離れる事は不得策と思う」

原「伊集院にて可」

第一次世界大戦の日本外交において、石井菊次郎がどれほど偉大な役割を果たしたか。

詳しくは、小著『ウッドロー・ウィルソン　全人類を不幸にした大悪魔』を参照されたし。当時、アメリカ大統領のウッドロー・ウィルソンは、トラブルメーカーとして世界中をかき回していました。そして側近のハウス大佐が止めるのも聞かず、ヴェルサイユに乗り込んできます。理想論と呼ぶのもおこがましい空想論を打ち上げるので、英仏は頭を抱えています。しかし、その英仏も紛争当事者なのです。この状況を収拾できる大国は日本しかありませんし、欧米でも外交界の長老として知られた石井さえ来てくれたら何とかなるとの期待がありました。では、その石井を、なぜ原と内田は送らなかったか？

何となく、です。

内田の言う「アメリカを離れられない」は、経済など種々の面で対立していたアメリカとの交渉に、大統領のいるワシントンを離れられないという以上の意味はありません。ところがそのウィルソンがアメリカを離れるのですから、いる意味がありません。よくわからない理由で、もう一人の代表は駐伊大使の伊集院彦吉に決まりました。

十一日、やっと西園寺が出発しました。会議開催の一週間前です。西園寺は「病気だから」と逡巡した挙げ句に引き受けたものの、船中でも日本家屋同様の状態を続けようと、大仕掛けの準備を要し出発がおくれます。

「お花さん」の名で知られていた愛人の奥村花子を伴い、医師二名と看護婦を同伴し、さらに食膳の掛りとして灘万の主人をも連れていき、「雪月花旅行」などと評されました（前田『歴代内閣物語』下巻、二四六頁、岡義武『近代日本の政治家』岩波書店、一九六〇年、三〇八〜三〇九頁）。西園寺は大幅に遅れての到着となります。そんなものを待っていられないので、牧野はひと月前に出発しています。悠長にも限度があります。せっかくロンドン宣言加入で日本は大国として迎えられているのに、やる気がありません。そんな原が評価していなかった、ロンドン宣言加入に関する石井の回顧です。

我輩は後に、ヴェルサイユ平和会議に参加された著名な我が代表者から、「我国がロンドン宣言に加入していたために講和会議に際し帝国の発言権が非常に尊重され、帝国の主張を実現する上に至大なる効果があった。もし帝国がロンドン宣言に参加していなかったならば、同会議における我国の立場ははるかに困難なものであったに相違ない」との述懐を聞いたことがある。（石井『外交余録』二二〇頁）

会議出席者の「石井がいれば……」、石井の「自分が行っていれば……」という声が聞こえてきそうな文章です。

講和会議よりも小選挙区制導入が大事？

本当にどうでもいいことですが、この三月二十四日に先妻の貞子が死亡しています。

三月二十四日　前妻貞子急病の旨深更に知らせがあったが、執事を取り急ぎ贈ったが間に合わず遂に死亡した。

三月二十七日　貞子葬儀本日午後、営んだ。遺骨は追って京都即宗院に埋葬するはずだ。中井親戚戸谷貞吉、岡松忠利および余の秘書官山田敬徳に諸事担当させ、遺産処分等をさせることとした。

そんなことよりも、原にとって大事なのは党利党略です。衆議院議員選挙法改正案について、二月一日の日記では、床次内相らと直接国税を十円から三円に下げつつ小選挙区制を導入しようと相談しています。ただ、選挙権拡大には賛成でも、「世間には普通選挙論もあるが今日はその時機ではない」と、一気に普通選挙に持っていくのは時期尚早との意見は変わっていません。

三月八日に、選挙法改正案は衆議院を通過し、二十五日、貴族院でも可決されます。

その間、二月十三日に予算が通ります。その日の日記は「大正八年度総予算本日衆議院を通過す。いささかの修正なく各派ことごとく賛成した」です。三月十八日には貴族院も無修正で通過し、向かうところ敵なしです。

そして、五月二十三日には衆議院議員選挙法改正公布となります。

原が小選挙区制導入に熱中している間も、講和会議は続いています。ウィルソンの民族主義に煽られた朝鮮人が三・一独立運動を起こしたりしますが、原は「要するに民族自決などの空説に促された事もあろう」と冷淡です（『原敬日記』三月二日）。アメリカに媚びてばかりいる原ですが、ウィルソン主義者ではありません。民主党だろうが共和党だろうが誰だろうが、アメリカのご機嫌を損ねないのが至上命題なだけです。

なお、ちょうどこの頃、石井が帰国を希望しています。原の日記には「駐米大使石井菊次郎、帰朝希望の申し出あり。結局更迭の外なしというにつき後任につき相談した」とあります（『原敬日記』三月九日）。原は内田を重用し、石井をまったく評価していませんでした。

パリでは、全権の牧野が人種平等を提案しようと準備しています。内田の見通しは「この際強硬に主張すれば米国上院においてウィルソン反対の声も高いので何とかなるようにも思われる。とにかく西園寺より主張してはいかが」です。原は「一応もっとものようだがこのことは元来成功するかどうか覚束ない事柄なので、先般牧野の提議当時の成り行き

など取り調べの上、さらに相談することとした」との態度でした（『原敬日記』三月十二日）。

　結果は、多数決で勝ちながら、議長のウィルソンが全会一致でなければ不可などと言い出して、否決されてしまいました。首相の原がやる気のないまま、「なんとなく」提出した結果でした。

　一方、アジアの問題に関しては、利権を守り通しました。日本は、山東省のドイツ権益の譲渡と青島に専管居留地を設定することを中国側に要求し、これらが承認された場合には日本は膠州湾、その他の地域から撤兵し、それら地域を中国に返還すると言いましたが、中国全権団は反対しました。

　イギリス・フランスはロンドン宣言という秘密協定の関係上、日本の主張を支持しましたが、ウィルソンは中国に同情的でした。ただ、日本が強い姿勢を示したので、ウィルソンが絶対に成立させたい国際連盟計画が挫折することを恐れて日本の主張を認めました。

　なお、日本側の要求が承認されたことが支那に伝わると、五・四運動なる騒ぎが起こりますが、無視して会議は続きます。

　三日後の五月七日、講和会議で赤道以北の旧ドイツ領諸島の委任統治国が日本に決定されます。「委任統治」とは事実上の植民地です。赤道までが日本の持ち物になりました。

　そして、六月二十八日にヴェルサイユ条約が調印されました。

八月末には西園寺が講和会議を終えて帰国します。国民は歓迎しました。外交のことなどわからないが、日本が大国として参加した世界的な会議、という印象だけは振りまかれていました。それに戦争の果実をしっかり確保していますから、世界情勢を説く人など一部の評論家だけなのです。

八月二十五日、帰国した西園寺は原と重要な話をしています。西園寺が大学時代の友人のクレマンソーから聞いた談話が、「世界は日英米の分野となった。イタリアは到底活動の力がない。フランスは力足らずで英米の間に立って国を維持するほかはない。日本はかなり米国と協調を保つのが最も急務だと思う。フランスはその間に処して好意の斡旋をする。日仏はあくまで親交を望む。ぜひ日本の利益になるだろう」です（『原敬日記』同日）。

原は、思惑通りと悦に入っています。

不況でも普選を握りつぶしても、選挙で圧倒的な勝利

大正八（一九一九）年は、普通選挙運動が盛んになった年でもあります。二月から東京や名古屋で普選を求める大会が開かれていましたが、三月一日の日比谷公園で行われた普選要求の国民大会の参加者は五万人に上りました。

日本で初めて普選案が議会に提出されたのは明治三十五（一九〇二）年二月のことです。

ついで明治三十八〜四十四（一九〇五〜一一）年の間は例年議会に提出され、明治四十四年三月には初めて衆議院を通過しますが、貴族院で否決されます。その後、普選案が議会に出されることはなかったのですが、ここへ来て急激に運動が盛り上がってきました。

この年、原内閣が提出し通過させた衆議院議員選挙法改正で納税資格を十円から三円に下げたのも、普通選挙を求める圧力への譲歩です。

十月、原は山県を訪れ「いつかは普通選挙にもなるのでしょうが、新選挙法が一回も実施されていないのにそのように突飛なことは不可能」と述べています。山県も同感を表しています（『原敬日記』十月十三日）。

さらに十一月六日にも、原は山県と普通選挙について話しています。原は「普選はいつかは実行せざるを得ないでしょう。また、後年に至って実施してもそれほどの危険も無いでしょう。また自然の情勢は遂に実行されるに至ると思いますが」と述べつつ、現行の選挙法が実施されていないまま再改正はできないと、反対の趣旨を述べています（『原敬日記』同日）。

政権が決心してしまえば決定なのですが、野党は世論に訴えます。大正九（一九二〇）年二月十一日には東京で普選大示威行進が行われました。原は「新聞には五万人または十万人など称しているが、実際は五千人ばかりという」と嘲笑しています（『原敬日記』同日）。

原の自信を裏付けるように、翌十二日には、大正九年度予算が衆議院で軽く通っています。

この第四十二議会では野党が普通選挙法案を提出してきましたが、原はこれを理由に二月二十六日、衆議院を解散します。

そして、五月に行われた第十四回衆議院議員総選挙では、二八二名が当選し絶対多数を獲得します。戦後不況にもかかわらず、原は負けません。民意は、普選反対の政友会を勝たせました。

ところで、これまで選挙干渉されてきた政友会ですが、このとき原内閣は選挙干渉を行ったとして非難を受けています。しかも、政党とヤクザの癒着が本格的に始まったのは原敬内閣においてだとか。以下は宮崎学『近代ヤクザ肯定論　山口組の90年』（筑摩書房、二〇一〇年、五十～五十三頁）からの引用です。

> 政党員のうち、国会議員以外の人々の集団を院外団といいますが、実際には情報収集、示威行動、実力行使、対立党派に対するテロルなど議員ではできない半非合法的なものを含む活動をもっぱらおこなうものでした。この院外団が大正初期の憲政擁護運動で大きな力を発揮し、院外団がヤクザ化し、ヤクザの一部が院外団化していきました。

〔中略〕

しかし、政党政治と民間暴力の癒着が本格的に始まったのは原敬内閣においてです。米騒動を頂点とする民衆暴動が多発する中、内相の床次竹二郎は大衆掌握政策の一環としてヤクザとの接触を図ります。そして大正八（一九一九）年十一月、関西・関東のヤクザの親分を結集した大日本国粋会が発足します。総裁には大木遠吉を戴き、政友会をはじめとする政治家や軍人、右翼巨頭が相談役・顧問に座るという華々しい陣容で、全国に次々と支部が結成され、最盛期には会員総数六〇万人を数えました。大日本国粋会は、いわば政友会の院外団のヴァージョン・アップ。民政党側もまた大正十年に政友会にならって大和民労会を結成することになります。

自分が政権を取ったら、これです。大木は現職司法大臣です。

もちろん日記にヤクザとのつながりなど、書いてありません。やはり書いてあることも大事ですが、書いていないことはもっと大事です。自由民権運動以来、政治とヤクザの関係は切っても切れませんが、原は組織化に成功しました。

悪化する大正天皇のご容態

少し時間を戻して、前年十一月。この頃、以前から体の弱かった大正天皇のご容態が悪化していました。そうでなくても、原と山県は皇太子の洋行を計画し、守旧派が多い宮中側近のサボタージュにあっていました。政治家や言論人にも、前例がないなどと非難する人がいました（波多野勝『裕仁皇太子ヨーロッパ外遊記』草思社、一九九八年、三十一頁）。

政界では無敵の原も、宮中の問題に腐心することとなります。困ったことに、当時の皇室典範には不備がありました。

皇室典範　第十九条
天皇未タ成年ニ達セサルトキハ摂政ヲ置ク
天皇久《ひさし》キニ亘《わた》ルノ故障ニ由リ大政ヲ親《みずか》ラスルコト能ハサルトキハ皇族会議及枢密顧問ノ議ヲ経テ摂政ヲ置ク

天皇が長期にわたって執務ができない場合に摂政を置くとありますが、何をもって「長期」とするかが書いてありません。結局、誰もが納得するぐらい長い間、執務ができてい

ないことを明示しないと摂政が置けません。そのため、大正天皇は一年以上晒し者になってしまったのです。

また、貞明皇后が摂政を置くことに反対します。息子である皇太子裕仁親王（後の昭和天皇）を立てて、夫・大正天皇に対して〝主君押込〟をする気ではないかと疑い、徹底的に抵抗しました。大正天皇を守ろうとする貞明皇后と裕仁親王を立てようとする山県有朋らとの間で首相の原が板挟みになり、調整に走り回ります。

皇室問題で原が苦労している頃、三浦梧楼枢密顧問官が訪ねてきます。三浦は原の身を案じて、七十余年間肌身離さず持っていた守本尊を贈呈します。原は「覚悟はあるが、三浦の厚意を無にしないよう」受け取りました（『原敬日記』十一月十二日）。

シベリアから米国引き上げで日本あわてる

大正九（一九二〇）年一月、シベリア問題に関し、現地から大井成元司令官の電報が届きます。なんと米国が兵の引き上げを決定して、鉄道守備を放棄してウラジオストクに集中し帰国の準備をしているというのです（『原敬日記』一月九日）。

日本はそれまで、出兵、増兵、撤兵いずれにしても米国の意向を、気にしすぎるほどに考慮して議論してきたのに、そのアメリカが日本に無断にて撤兵する。日記には、「米国

政府は幣原大使にも回答せず、どういう理由でこの処置を取ったのか全く不明だ」とあります。

国務省ではなく現地からアメリカの撤兵情報が入ったことは、アメリカの現地軍と本国との連絡不足による手違いで故意ではなかったようですが、日本はあわてました。駐日アメリカ大使も何も聞いておらず、大混乱でした。

このとき、実はウィルソン大統領は病気で執務を執っていません。既に病魔に侵されていて、側近たちが勝手に大統領の名前で事を進めていたのです。しかも選挙は前年十一月に終わり共和党に政権移譲するのが決まっているのに、三月までは任期があります。その隙間の時期に、ホワイトハウスが暴走したのです。

さすがに対米追随第一の原も、ここまでされては方向転換します。

一月九日に田中陸相を呼んで、シベリア問題について決心を伝えています。もちろん、引き上げです。しかし、一度戦地に送った軍隊を簡単には引き上げられません。撤退こそ軍事で最も難しいのですから。さすがの田中もクドクドと色んな理由を付けてその困難さを訴えますが、原は「陸軍部内のことも察しないわけではない。また一度因縁をつけた土地を棄てるのは困難であることを知っているが、列国すでに退去し我独り止まり、その理由が曖昧では内外の信を失う。与えるは即ち取ることだ。今回もし奇麗に撤退すれば、他日また大に我に有利の時があると思う」と言い切ります（『原敬日記』同日）。

田中は最高権力者の意向と出身母体の陸軍の事情で板挟みとなります。陸軍はシベリアにいる限り予算が確保できます。田中は心労から、病気となってしまいますが、それは後の話です。十二日には「自分の真意は撤兵だが、立場上、言えない。高橋大蔵大臣と争っているみたいになって嫌なので、総理、三人の談合をちょっと斡旋してくれませんか」などと懇願してきます。これが軍閥の寵児の実態です。

結局、撤兵は簡単に行かず、大不祥事が発生します。尼港《にこう》（ニコライエフスク）事件です。三月から五月にかけて、赤軍の捕虜となっていた日本人捕虜が全員殺害されていました。世論は激昂します。これで撤兵は、ますます困難となってしまいました。これがわかるのが六月です。

こんな大事件の最中の五月十日に、政友会が圧勝した第十四回衆議院議員総選挙が行われていたのです。さらに言うと、一月には共産主義者の森戸辰雄が無政府主義を研究した論文を発表し発禁処分となった、森戸事件も発生しています。

選挙後、原は小幅な内閣改造を行います。原が兼任していた司法大臣に大木遠吉を据えたほか、十五日に鉄道院が鉄道省に昇格して元田肇が初代大臣となります。

事件に話を戻しますが、シベリア出兵に関して何の定見もないから、尼港事件のような惨事が起こるのです。シベリア出兵はまるで鬼ごっこです。鬼が出ては追いかける。誰が何のためにやっているのか誰にもわからない。

六月一日には尼港処分決定の上に撤兵を決定していますが、八日に上原勇作参謀総長が撤兵の決定に対し不服であるとして辞表を出す騒ぎとなります。原は「軍閥のわがままを許してはいけない」と強気です（『原敬日記』同日）。十二日には、山県有朋にも根回ししています。山県は、シベリア出兵は既定路線の通り、同時にレーニンのロシアへの報復として北樺太を占領し油田を押さえることを提案します（『原敬日記』同日）。こうした動きに上原はなにもできず、辞意は有耶無耶のまま撤回となります。

ただ、尼港事件の詳細が報じられると世論は強硬論に傾き、撤兵は遅れることとなります。こればかりは相手がある話なのでどうにもなりませんが、撤兵を決めた原は路線を固めてしまいます。

六月二十八日の閣議でサガレン州占領とザバイカル方面撤兵の方針を決定し、七月十五日にはシベリア派遣軍は極東共和国と停戦議定書に調印するなど、原は政府主導で撤兵を推し進めます。

原、陸軍参謀本部を屈服させる

八月五日、田中が辞表を出しました。辞意の真の理由は、上原参謀総長との対立です。上原は統帥権の独立を持ち出し、陸相の田中を困らせます（なお、『原敬日記』には、「統

率権」の表記)。統帥権の独立とは、大臣は作戦に関し介入すべきでないとの、慣習法です。では、どの範囲まで介入してはならないかと言うと、大臣の政治力しだいです。陸海軍大臣は人事と予算を掌握しているのであり、総理大臣も然りです。原は、田中と山県を利用して、参謀本部を屈服させようと企んでいました。そうした原の動きに乗ることは、田中にとって危険です。原は最高権力者ですが、永遠にその座にある訳ではありません。身内の権限を削るのは、陸軍に身を置く田中にとって、危険極まりありません。

戦前憲政史において、陸軍は最強の拒否権集団だと目されています。昭和の話はさておいて、明治・大正はそんな単純な理解では歴史を読み誤ります。陸軍エリートであった田中が見聞きしている事例を三例あげます。

第一次西園寺内閣に対し、山県有朋は倒閣を仕掛けました。そこで寺内正毅陸相の引き上げを狙います。ただ寺内は自分を大臣にしてくれた西園寺を葬り去ることに逡巡します。結果は、引き金を引く前に西園寺が辞めたので、寺内は胸をなでおろすこととなります。

第二次西園寺内閣でも、山県ら陸軍閥は倒閣を仕掛けましたが、上原勇作陸相は同じ理由で逡巡しました。結果は複雑な経過をたどった末、上原は辞表を提出。「西園寺内閣毒殺」の下手人とされます。しかし、上原は元帥(終身陸軍軍人)として、生涯を陸軍に守られて過ごすこととなります。

第一次山本権兵衛内閣は、軍部大臣現役武官制の廃止を推し進めました。このときの木

越安綱陸相は、内閣倒壊後は裏切り者として放逐されています。上原とは対照的な人生です。

なお、山本内閣が軍部大臣現役武官制を廃止したとき、陸軍で「省部事務合議書」を作成しており、陸軍大臣所管のうち、統帥と密接な事項は参謀総長所管に移され、参謀総長の権限は一層増大していました（升味『日本政党史論』第四巻、三五一頁。『田中義一伝』田中義一伝記刊行会、高倉徹一編、原書房、一九八一年〈復刻原本一九五八年〉下巻、一九四〜一九五頁）。原はこれに切り込む気満々です。

田中の辞表問題は一ヶ月以上も続きます。上原は事あるごとに「省部事務合議書」を盾に、山県のところに駆け込みます。しかし、拒否権の行使では、上原など子供のようなもの。原は逆に山県を恫喝します。

武器は内閣総辞職です。原は、「今や大体決定の政策を実行できたので内閣を辞めるとすれば今日は時機と思う。また辞めないのなら確固たる決心をもって国策断行を決心しなければならない」と述べます。聞いた田中は「自分の辞意が動機となって内閣が崩壊することは山県のもっとも恐れるところだ。山県は何とか自分を慰撫して留任させようとするだろうから、その際は十分の言質を得て政策を断行したい」と大慌てです（『原敬日記』九月十日）。こういう原の意向は即座に伝わりますから、山県は震え上がったでしょう。大正初年の憲政擁護運動や米騒動のときに自分が暗殺の対象になっていたことを、覚えて

いますから。もし上原が参謀本部の権限に固執すれば、何をされるかわかりません。

原は、上原が言うことを聞かないなら総辞職すると、山県に直接伝えます（『原敬日記』九月十三日）。こうなると、山県に上原と陸軍参謀本部の組織益を守って原と闘うなどという選択肢はありません。

九月十七日、ウラジオストク司令官にハバロフスク撤兵を声明させることに閣議決定します。二十日、田中は山県を訪問して留任すると報告しました。

なお、最終的にシベリアから完全に撤兵するのは原の死後で、大正十一（一九二二）年六月二十四日に政府はシベリア派遣軍の撤退を声明し、ウラジオストクからの撤兵完了は十月のことです。ただ、大枠は原が決めていました。

宮中某重大事件に苦悶する

無敵の原を唯一悩ませたのが、皇室問題です。

大正天皇は長くご病気に苦しんでいました。天皇のご容態は悪化の一途をたどり、国民に隠しておくわけにもいかなくなりました。大正九（一九二〇）年三月には、国民に衝撃を与えない程度に、ご病状が公にされていました。そして六月十八日、松方正義内大臣の提案に対し「摂政を置かれるとなるには、まず皇后陛下をはじめ皇族方のお考えも承らな

ければなりません」と留保しています。ただ、摂政設置の必要性は認めていて、「それまでにはたびたびご様子を発表して、国民に了解させておく必要がある」との見解でした（『原敬日記』同日）。

前年十一月に原と山県は皇太子に海外経験をさせたいという点で一致していましたが、貞明皇后の反対などもあって、なかなか話は進みませんでした。皇后の心配は皇太子外遊中に大正天皇のご容態が急変するかも知れないこと、皇太子ご自身の健康や身辺を案じる思い、そして、何よりも皇太子のご洋行が皇太子のご研鑽よりも摂政設置へ向けての実績づくりであると感じていたことにあります（川瀬弘至『孤高の国母　貞明皇后』二〇一八年、二五三〜二五四頁）。夫である大正天皇が懸命に公務復帰に向けて努力している姿を見ている皇后としては摂政設置への動きに賛成はできないのです。

ご洋行問題に並行して、皇太子裕仁親王のご婚約に関する問題が発生します。これで、ご洋行問題も棚上げにされそうになります。

久邇宮邦彦王の第一王女良子《ながこ》が皇太子妃に内定したのは大正八年五月のことで、六月には宮内省から発表されています。しかし、良子に生母俔子《ちかこ》を通じて色盲の遺伝の疑いがあるとされ、大正九年秋ごろより山県らは久邇宮に婚約辞退を勧告します。

しかし、久邇宮は同意せず、東宮御用掛の杉浦重剛らも、「いったん内定した皇室の慶事を、体質上の欠陥を理由に婚約を解消することは道徳に反するばかりでなく、綸言汗《りんげん》の

如しという帝徳に反する」として反対しました。しかも母俔子にも良子本人にも視力には何の問題もないのです。

山県の理屈は、徴兵令の規定では色覚異常があると軍人になれなかったので、陸海軍を統率する大元帥である天皇が色盲では困る、です。

また、久邇宮妃俔子は旧薩摩藩主島津忠義の娘でしたから、薩摩閥の宮中勢力が増すことを恐れて山県が介入したとも受け取られました。当然のことですが、薩摩閥は久邇宮側につき、薩長閥の対立ともなっていきます。

なお、政府はこの問題に関する記事を禁止したので、帝国憲法時代は「宮中某重大事件」と記載するだけで、一般の人はその真相を知りませんでした。

業を煮やした山県は、「とにかく近来、何もかも皇后陛下に申上げるようになり、このようなことでは将来意外の弊を生じないとも限らない」と皇后陛下の意見が幅を効かせていることを憂慮しています（『原敬日記』十二月八日）。

十二月十二日、日本軍はハバロフスクから完全撤退しますが、そんなことは雑務処理です。十二日の日記はなく、その前後も皇室問題ばかりです。

山県への批判が高まる中、実際に山県は枢密院議長を辞任すると言い出しました。十一日に原は山県を訪問して辞任しないように直接説得しています。説得に成功し、三日後の十四日の日記には「山県はご沙汰によって留任することとなった」と記されています。

山県が辞任しようとする背景には、右翼などの攻撃があります。山県が宮中で陰謀を企み久邇宮に辞退を迫っていることを察して右翼が暴れまわり、暗殺するぞと脅し始めています。原の日記にもそれらしい記述があります。

十二月二十八日　田中陸相の内話に、久邇宮王女色盲につき皇太子妃内定変更あるべき件に関し、皇太子付の杉浦重剛がその変更に反対し、山県が他に考えあってことさらにこの議をなす者だと攻撃し、これを頭山満らに漏らし、頭山はその親近者に流布した結果、彼ら一派は山県攻撃を企てる由、杉山茂丸が山県に内話したので、その事を余に内話しておけとの伝言だという。

年が変わっても、この問題で頭を悩ましていますが、二月初めに原は解決を急がせます。

二月二日　皇太子妃に内定の久邇宮王女の色盲云々に関し、久邇宮家より出たと思われる運動いかにも激烈で、ことに東宮侍講杉浦重剛が頭山満らに漏らし、浪人共の利用するところとなり、各種の印刷物を配布され……行政上捨て置きがたいことと考え、中村〔雄次郎〕宮相の来訪を促し、官邸で会見し、「本問題を長く未定の間に置かれるのは皇室のためにもよくない。また、行政上においてもいかにも憂慮にたえな

いしだいなので、いずれとも速やかに決定してほしい」と懇願した（余は最初内定があった当時も通知には接していない。また色盲の関係で内定変更の議があっても山県・西園寺らより内聞したことの外いまだかつて宮中の筋より協議を受けたことはない。ゆえにこれをどうしろと意見を述べたことはなく、またその意見を求められたこともない）。しかるに中村宮相は……困難な立場にあることを縷述《るじゅつ》した。……余は中村に「その内情は察するが、要するに誰か責任を取って決定するほかはない」と諷示した。中村は「自分が責任をもって決定する」と言った。

その結果、二月十日、婚約に変更なしと発表され、中村宮相は責任を取って翌十一日に辞職しました。

十二日には下田歌子が原を訪れ、宮中の裏話も聞かせてくれました。要するに、宮中でも専横を振るう山県への反感から、事が大きくなったのです。なお、下田歌子は実践女子学園の基礎を築いた教育者です。明治天皇の皇后・美子《はるこ》にその歌の才能を愛でられ「歌子」の名を賜り、内親王の教育も任されています。また華族女学校学監であり貞明皇后の先生でした。それで昭憲皇太后や貞明皇后の信頼を得ていたのです（小田部雄次『昭憲皇太后・貞明皇后』ミネルヴァ書房、二〇二〇年、一一〇、二七四頁）。

世間では山県が諸悪の根源のようになっていますが、これは原が煽ったわけではありま

せん。原は尊皇家なので、皇室だけは政局に使いません。

右翼の脅迫と山県の取り込み

この年、大本教大弾圧が行われます。大本教は神道系の新興宗教として勢力を伸ばしましたが、不敬な振る舞いが多いとされ、大正十（一九二一）年二月に幹部が一斉検挙、十月には神殿が打ち壊されています。「大弾圧」として知られる事件ですが、原は日記に何も記していません。

原にとっては、片手間以下です。頭の中は、皇室でいっぱいです。

ご洋行が決定し宮内省から発表されたのは二月十五日のことです。天皇陛下のご病気が深刻になってからでは洋行などできませんから、早めの出発を宮内省の責任で断行しました。右翼は原を付け狙います。

二月二十日　夜、岡崎邦輔、平岡定太郎が各別に来訪。余を暗殺する企てがある事を聞いたとして、余の注意を求めてきた。余は厚意は感謝するが別に注意のしようもない。また度々このような説が伝わり、時として脅迫状などが来るが、警視庁などに送らずそのまま捨て置くくらいなので、運は天にまかせ何ら警戒等を加えていない次

第である。狂犬同様の者でない限りは、余を格別悪むはずはないと思う。

日記を読む限り強がっていますが、原暗殺後に開封された遺言書は二月二十日の日付となっているので、原も思うところがあったのでしょう。命の危険を感じながらのご洋行推進でした。翌日、右翼が原のもとにやってきます。

二月二十一日　皇太子妃にご内定の久邇宮王女の件は一段落となった。……海外ご巡遊に関してはあくまでその企てを防止することが必要だと考え……頭山満、内田良平一派は依然として騒ぎ回っている。その派の独り小美田利義が来訪。彼ら同志が松方を訪ねてご渡航中止（危険とか聖上ご病気中ご孝道に悖るとか種々の口実）ありたい旨申し入れてきた。松方は政府より申越しあれば中止も可と返事したとして余に迫ろうとする者があるということだが、これはもってのほかで、政府は宮中の思し召しを遂行するために手続きをするもので、その趣旨を申し諭した。

右同様の意見について、小泉策太郎同伴で五百木良蔵[三]、佃信夫が来訪。切にご洋行中止を論ずるので、余は今日において絶対不可能である事ならびに天子の孝道は庶民の孝とは異なり、将来国家統治の必要上ご洋行は孝の大なるものである事ならびに本件は色盲云々とはちっとも関係ない事を内喩《ないゆ》したら両人もややその趣旨を了解したよ

うだ。

　このように右翼が騒ぎ回っている中で、とうとう山県が辞表を侍従長に差し出し、二十二日には原にもその写しを送ってきました。

　しかし右翼が何を騒ごうが、皇太子のご洋行は阻止されず、三月三日にご出発になり、イギリス、フランス、オランダ、ベルギー、イタリアを訪問し、各地で歓迎されます。

　三月末、原は皇后陛下に拝謁して皇太子殿下の様子を報告しています。

　三月二十七日、第四十四議会の閉院式の日、原は日記に今期の成果を書きとめています。

「今期議会の成績は政府提出案一三四件、内予算十六件（両院通過）、承諾を求める件十（両院通過）、法律は両院通過九十九件、衆議院通過貴族院否決一件。衆議院通過貴族院未議了八件。この外に決算一件承認。すなわち予算も法律案もこれまでにない多数だった」

と誇らしげです。確かに記録的な成立率です。

　二月に山県が辞表を出したりしていましたが、辞表をどう扱ったものやら宮内大臣になっていた牧野伸顕らが決めかねているころ、原もやるべきことをやったのか、四月四日には「余もいつまでも際限なく内閣に立つべきではないので、まだ何ら考えを極めていませんが、実は考慮中です」などと言い出します。慌てた山県は「そんなことは不可だ。現内閣を辞しても、誰も跡を襲うものがない。かりに誰かが立っても一年か一年半で倒れてし

まう。要するに、ただ騒動を醸すのみである。決心してやるべきだ」と必死で止めます。日記は「この問答は何ら要領を得たものではなく、山県は……現内閣の倒壊に賛成するものではないことは明らかなようだ」と続いているので、原は冷めています。

四月十二日、郡制廃止法が公布され、二年後に施行されます。とうとう山県の牙城をひとつ完全に崩しました。しかし、もはや時代は動いていて、郡制廃止で争ったなど遠い過去です。

それでまた仲が悪くなるということはなく、五月三十一日に原が山県を訪問し、ウラジオ軍および山東軍の撤兵について話したときも協力的です。

五月十八日には「山県枢密院議長および松方内大臣辞任の件、共々留任のご沙汰」が下り、両元老の辞表は却下されました。

そして原と山県は摂政設置に向けて本格的に動き始めます。五月三十一日の日記には「皇太子殿下は英国において非常の歓待を受け、ご評判も至極宜しい。……殿下ご帰朝の上は、速やかに摂政のご必要がある」とあります。ご洋行の皇太子の評判がいいことに気を良くして、原と山県は殿下がお帰りになったら摂政になっていただきましょうと話し合いました。

筆頭元老にして藩閥の巨魁の山県有朋は、すっかり原敬の自家薬籠中でした。

ワシントン体制への道

ところで、前年から何度も辞めると漏らしていた田中陸相は実際に心臓病を患っており、二月二十六日には狭心症の発作を起こして重態に陥っています。医者からは長期の静養が必要でこのまま放置すれば生命に関わると言われます（『田中義一伝』下巻、二〇四頁）。四月には山県が原に「田中陸相の心臓病は心配なので、静養させたい」と言ってきます。原は「田中の病気は困った事です。友情よりすれば早く静養させたい。内閣のためより言えば、今田中に辞められては実に困るので当惑しております」と答えています（『原敬日記』大正十年四月四日）。田中に会ったときには「もう二～三ヶ月がんばってくれ」と慰留しています（『原敬日記』四月八日）。しかし、病は進行し、田中は限界を感じて六月九日に辞任し、後任陸相は山梨半造となりました。

ついでに、田中を板挟みにして苦しめた上原参謀総長も原は飛ばそうとします（『原敬日記』七月二日）。この実現は原の死後ですが、もはや陸軍など敵ではありませんから、原もそこまで強引には話を進めませんでした。

それよりも、国際情勢は大きく動き始めていました。

この冬、アメリカのハーディング大統領の提案で、東アジア・太平洋地域の情勢につい

て話し合うためにワシントンで国際会議が開かれることになりました。

その人選について八月二十六日、原は山県に相談しています。海軍軍縮が主題の一つなので加藤友三郎海相は確定。駐米大使の幣原喜重郎も確定。もう一人で悩み、内田康哉外相ならば自分が外相を兼任することになるので「繁忙極まり、到底不可能」です。

そして、「林権助、石井菊次郎なども いますが、幣原同様の者を幾人も加えることはかえってよくないと思い、見合わすべきでしょう」です（『原敬日記』同日）。どうしても、石井が嫌いらしいです。

第一次大戦後の国際秩序を決めたのが、ヴェルサイユ会議です。ただ、日本が「サイレントパートナー」に徹したこともあり、ヨーロッパの戦後秩序だけが決められました。それに対してワシントン会議はアジア・太平洋の戦後秩序を決めようとする会議です。原は「何が何でも対米追随」を国家目標とし、その死後も墨守されることとなります。

そして九月三日、皇太子が無事にご帰朝になったので、いよいよ摂政になっていただこうと本格始動です。十月四日、陛下のご容態書が発表されますが、このときは回復に向かっていないことが記されました。

十月二十五日が『原敬日記』最後の日付です。牧野宮相と会見し、皇族会議をどのように開くか、その手順などについて相談しています。摂政設置に向けて着々と準備中でした。

十月二十五日以降、暗殺される十一月四日までは、断片的なメモが残っているだけです。

原敬、東京駅で暗殺される

十一月四日には閣議がありました。蔵相の高橋是清は予感めいたものがあり、「死相」を感じたそうです（高橋是清『随想録』中公クラシックス、二〇一〇年、十一〜十二頁より）。

高橋が再三止めたのにもかかわらず、原は京都で行われる政友会近畿大会に出席するために東京駅に向かいました。

原が駅の改札口に行こうとしたとき、十八歳の青年中岡艮一《こんいち》に短刀で心臓をさされました。原はほぼ即死。六十五歳でした。

養子の貢は警備の甘さについて次のように語っています。

もう少し警戒が厳重だったら——とは、誰の胸にも浮かんだことにちがいないが、あいにくご本人が大の護衛ぎらいだったのだから始末が悪い。護衛の話になると、きまって

「十重二十重にしていたって、やられるときはやられる。護衛などつけなくても、無事なときは無事なんだ」

というのが父の口癖だったが、警視庁もそういうご本人の意をくんで、ある程度以上の警護は差しひかえたとすれば、当方としては、もはや誰にむかって文句をいう余地もなさそうである。

（原奎一郎『ふだん着の原敬』四十頁）

知らせを受けて東京駅に着いた浅夫人は、原の遺骸と対面しても気丈に振る舞い、その場にいた人が「雌獅子が手負いの雄獅子を介抱する姿を想像させた」と前田蓮山に語ったそうですが、原の没後わずか一年四ヶ月で風邪から肺炎を起こし、後を追うように他界してしまいました（『ふだん着の原敬』二三九頁）。

貢は十月十九日に英国留学へ向けて出発しており、六年留学の予定でした。父の死の知らせは十一月五日マラッカ海峡を航行中の船上で受け取りました。

「父昨夜、東京駅にて暗殺さる。帰るにおよばず、まっすぐ英国へ行って勉強なさい。あさ」

母・浅からの電文でした。

出発前にも次のような会話があったそうです。

原敬「わたしが死んでも帰ってこなくてもいいよ。ママちゃんが死んでも帰ってこなくてもいい。二人のうち一人でも生きているうちは帰ってこなくていい」
貢「では、お二人とも死んじゃったら、どうするんですか？」
原敬「二人とも死んだら帰ってこなくては」

そのため、貢は父・原敬暗殺の際にはそのままイギリスへ行きましたが、大正十二（一九二三）年に浅が亡くなったときには帰国しました（『ふだん着の原敬』一九五～一九七頁）。

後を追うように亡くなったのは浅夫人ばかりではありませんでした。
原の死には山県有朋も衝撃を受けます。かつて天敵のようだった山県は、いまや原に信頼を寄せていました。
『松本剛吉政治日誌』によると、大正九年二月に原がストライキを鎮めたときに山県は「どうも原は偉い。電車も製鉄所も治まった。原のやり口は偉い」（大正九年三月一日）と感心し、第四十四議会を終えたときには「今度の議会のやり方は原は実に立派なものであった。原くらいの人間はただ今ではないと思う」（大正十年三月二十六日）と絶賛してい

ます。そして、原が刺殺されたことを知った山県は「原が勤王家にして皇室中心たることを見抜いていた。すこぶる残念だ」と言って涙を流しました（十一月五日）。

翌年一月には原が殺されるときの夢を見てうなされ、「原という男は実に偉い男であった。ああいう人間をむざむざ殺されては日本はたまったものではない」（大正十一年一月十日）と茫然自失です。

夢を見たその月末に山県の容体は急変し、二月一日に亡くなってしまいました。

終章　原と政友会が残したもの

弱すぎる高橋是清内閣が成立

原が暗殺された夜、内田康哉外相が首相を臨時兼任し、翌十一月五日に内閣総辞職しました。

原敬は総理大臣かつ政友会総裁でしたから、両方決めなければなりません。総理後継は元老が決めました。山県、松方は西園寺に出てほしかったようですが、西園寺は拒絶し、高橋是清を推挙します。

当初、西園寺は海軍大臣加藤友三郎を推すことを考えましたが、首相の暗殺によって政変が起こる悪例をつくることになるので、政友会中で首相に次ぐ者を後任にすべきと考え直しました。首相を臨時兼任した内田外相は政友会員ではありません。政友会所属の大臣では蔵相高橋是清が最も宮中席次が高く、政友会相談役の筆頭でもありました。

ある意味で後継首相より難しいのが政友会総裁の決定です。政友会内にも実力者が多数います。彼らを押しのけて結局、高橋是清が総裁に就任するのですが、それは政友会が一致して援助するという確証がなければ政権を担当できないと高橋が主張したからでした。

十一月十三日、高橋是清内閣が成立しますが、前内閣の閣僚を全員留任させています。蔵相は高橋が兼任します。原内閣の蔵相が暫定首相を兼任しただけと言うべきかもしれま

せん。

高橋は原内閣の政策を踏襲します。まずは摂政問題ですが、二十五日には皇族会議で摂政設置を議決され、皇太子裕仁親王が摂政となります。

ところで、高橋は、実は政党をあまりよく思っていませんでした。すでに政友会入りしていたとはいえ、いきなり政友会総裁になってしまい、当惑します。そのときのことを高橋は『随想録』で語っています。

原という人は政党の事は大小軽重共に多大の興味と熱意を持っていたので、党員の名前や顔はもちろんの事、その人の履歴、その人の勢力など何もかも知っていたし、また知ることにつとめ、党員が面会に来れば、誰彼の区別なくいちいち会って陳情も聞けば、話もしたものだ。ところが私はそんなことは全然興味を持たず、誰が何という人か、どんな顔をしているか、ほとんど知らなかった。そんな風だから政党の総裁なんか私には不適任で、原の後になるなんか思いもよらなかった。（高橋『随想録』十三頁）。

こんな総裁ですから、政友会員はあまり喜びません。

五校昇格問題でつまずいた高橋是清内閣

高橋内閣、最初で最大のつまずきは五校昇格問題でした。

原は政友会の四大政綱として、教育の改善、交通機関の整備、国防の充実、産業の奨励を挙げていました。このうちの教育改革に大学昇格が含まれます。

それ以前の日本には、東京・京都・東北・九州・北海道の五つの帝国大学しかありませんでしたが、原内閣は大正七（一九一八）年十二月六日に大学令を公布し、高等教育機関を拡充させようとします。

計画には、帝国大学四学部、医科大学五校（現在の新潟大・岡山大・千葉大・金沢大・長崎大の医学部に相当する新潟医大・岡山医大・千葉医大・金沢医大・長崎医大）、東京商科大学（現・一橋大）、富山薬専（現・富山大）、大阪外語（現・大阪大外国語学部）、実業専門学校一七校を創設。帝国大学への準備教育をする旧制高等学校一〇校の増設などが含まれます。

またそれまで専門学校とされていた慶應義塾大学・早稲田大学・明治大学・法政大学・中央大学・日本大学・國學院大學・同志社大学の大学昇格を認めました（伊藤之雄『原敬』三二〇頁）。計画は大正八年度から十三年までの六年間に完成する予定でした。

そして、高橋内閣で問題となったのは東京高等工業学校（東京工業大学）・大阪高等工業学校（現・大阪大学の前身校の一）・神戸高等商業学校（現・神戸大学の前身校の一）・東京高等師範学校（現・筑波大学）・広島高等師範学校（現・広島大学）の五校を大学へと昇格させる案でした。

原内閣時代、中橋文相は大正十年度予算にこれを計上するつもりだったのに高橋蔵相が難色を示し、原が中橋を説得して一時延期となっていました。中橋は来年度こそはと意気込んでいるのに、高橋はまたも一年延期しようとします。

高橋のやり方、言い方のまずさもあって、中橋だけでなく他の政友会員もあきれはて、総裁不信の声が高まります。最後は高橋が折れ、五校昇格追加予算は衆議院を通過しますが、貴族院で抵抗を受けて審議未了となってしまいました。

高橋は内閣を改造しようと言い出し、当然のごとく反対にあって、改造を止めます。決定が二転三転する高橋総理・総裁の威信は地に落ちてしまいます。第一次世界大戦や宮中問題などに比べればはるかに小さな問題ですが、こんなもので高橋はオロオロし、六月六日に総辞職に至ります。

なお、原の教育改革について、これによって日本の高等教育を充実させたとする向きがあります。しかし、むしろ現代的な偏差値教育の起源なので、原の教育改革が今に至るま

で影響を及ぼしている負の面をここで強調しておきたいと思います。

というのは、東大は官僚養成専門学校、京大は趣味で研究する学者の大学、その他の帝国大学は東大・京大に次ぐ、権威がある総合大学、早稲田は野党政治家・ジャーナリスト・文学者、慶應は財界人を輩出する私塾の延長、一橋や神戸は商業学校、お茶の水も東京女子師範学校として女性教師を育てる学校、等々それぞれの大学に目的があったのに、このときを起点に画一化してしまったからです。大学を特徴がない「駅弁大学」にしてしまったのは、GHQ（連合国軍最高司令官総司令部）のアメリカ人ではなく、原です。

対米追従に終始したワシントン会議

日本にとって重要だったのは五校昇格問題などではなく、ワシントン会議です。大正十（一九二一）年十一月から翌年二月にかけて開かれました。全権一行は原存命中の十月十五日にすでに出発しています。

日本にとって重要な条約は三つあります。

一つは日米英仏四カ国条約で、十二月十三日に調印します。太平洋諸島の領土、権益を相互に尊重し、問題は平和的に解決しましょうと約束しました。と言えば聞こえがいいですが、これによって日英同盟を破棄させられました。要するに、日英挟撃を嫌がるアメリ

カに配慮して、日英同盟を捨てたのです。

翌年二月六日には海軍軍縮五カ国条約と九カ国条約に調印します。

軍縮条約では英米日仏伊五カ国の主力艦保有率を五：五：三：一・六七：一・六七と規定しました。その結果、日本の八・八艦隊計画は挫折しました。

九カ国条約は英米日仏伊・ベルギー・オランダ・ポルトガル・中国の九カ国により締結されました。中国の主権尊重・門戸開放・機会均等を定めたものです。日本は第一次大戦で獲得したはずの山東省の旧ドイツ権益を返還させられました。

三つの条約は、すべてアメリカに言われるままです。日英同盟も海軍力も中国権益もすべてに対米追随が優先する。主導したのは高橋是清内閣ですが、路線は既に原の存命中に固められていました。

高橋残骸内閣から加藤友三郎残燭内閣へ

高橋内閣の後継は加藤友三郎内閣です。

西園寺が原の後継として最初に考えたのは加藤友三郎でした。ただ、前内閣と同じ政党から総理を出さないと暗殺による政変を認めることになるため高橋内閣が誕生となりました。

今回の高橋内閣の崩壊は政策の失敗によるものです。その場合は、反対党に渡すのが憲政の常道の考え方なのですが、野党第一党総裁が加藤高明です。山県はすでに死亡していますが、残った元老の松方正義と西園寺公望も加藤高明を嫌っていました。もし加藤友三郎が断ったら加藤高明でどうかと、元老たちは憲政会も考慮に入れた体裁で、両者と折衝をすすめ、いちおう「憲政の常道」を守るような恰好をとります。

政友会の路線を引き継ぐ加藤友三郎か反対党の加藤高明かという二者択一は、「加藤にあらずんば加藤」と言われました。

友三郎は政治的野心のない軍人でしたが、政友会は加藤友三郎に「我々が支えるので」と政権を引き受けることを勧め、友三郎も承諾します。

政友会は、いさぎよく下野せずに裏の手を使ったので、本格的政党内閣はひとまずそこで終わりました。

高橋残骸内閣の後、三代の中間内閣を経て、二大政党制が実現するのは、大正十三（一九二四）年六月の第一次加藤高明内閣を待たなければなりません。

加藤友三郎内閣は影の薄い内閣で、政友会内閣の燃え残りともいうべき内閣だったため、「残燭内閣」と呼ばれました（前田『歴代内閣物語』下巻、三六八頁）。

加藤内閣期の出来事を簡単に年表にまとめてみます。

〈大正十一（一九二二）年〉
六月二十日　皇太子裕仁親王、久邇宮良子女王と結婚
　二十四日　政府、シベリア派遣軍撤退を声明
十月二十五日　シベリア派遣軍、北樺太を除き撤退完了

〈大正十二（一九二三）年〉
二月二十八日　「帝国国防方針」を改訂認可（想定敵国を米・露・中の順とする）
四月十四日　石井ランシング協定廃棄
　十八日　陪審法公布
八月二十四日　加藤友三郎首相、病没
　二十六日　内閣総辞職

この内閣で、北樺太を除きシベリアから完全撤退し、五校昇格問題は解決し、陪審法も公布され、原内閣が残した問題はほぼ解決しました。

一方、内閣を支えるはずの政友会は内紛が激しくなり、派閥抗争に大金が使われるようになります（前田『歴代内閣物語』下巻、三六八～三六九頁）。

首相となった加藤友三郎は、実は、就任時から健康が思わしくありませんでした。病気

は大腸ガンで、夏に入ると症状は悪化し、在職中に死んでしまいます。そして、八月二十六日に内閣は総辞職となりました。

ほどなくして原が育てた政友会は、分裂していきます。

人々は原を大政治家として懐かしがりました。

おわりに――日本に「大人」の政治家が必要なのか

人間の評価に百点も零点も無い。だから、本書では等身大の原敬を描いた。長所も短所も、過不足なく描いたつもりだ。

原敬は、政争家としては間違いなく怪物である。あらゆる政治抗争で負けたことが無い。一時的に撤退することはあっても、必ず次の戦いでは挽回して兵を進め、最終的には目的を達する。ついには、日本国に逆らえる者がいない、絶対無敵の宰相の座を摑んだ。暗殺でもしないと倒れない内閣を樹立したが、本当に暗殺されてしまった。

政争家としての原敬は強く、悪魔的で、それが魅力的ですらある。

では、政治家としてはどうか。権力獲得や維持を目的とした政策を掲げ、実現する手腕はたぐいまれだった。あらゆる反対者を排除あるいは捻じ伏せるが、常に現実を冷厳に判断する。政治に幻想を持ち込むことは、一瞬たりともなかった。

だが、その哲学はどうか。特に、外交観は劣等である。「世界の中で大国日本が如何に振る舞うべきか」の哲学は、皆無であった。いかなる対外政策も、対米追随が最優先であった。しかも、それを実現できる政治力を有しているのだから、なおさら始末に悪い。

本書では『原敬日記』を多用したが、原自身の言葉で事実を再現したかったからである。本書で批判している原の劣悪な外交観は、原自身の言葉で後世に対して主張している内容なのである。

それに比して、皇室に対する尊崇の念は本気であった。しかも命懸けの。原からしたら、もっと上手く立ち回ることは可能だっただろう。だが、こと皇室に関しては、それをしなかった。だから暗殺された。そして本人も、皇室を守るとは命懸けだと自覚していた。

思えば、桂内閣の幸徳秋水事件で、原は東北人らしく静かな怒りを示した。このときばかりは、いつもの政治的駆け引きではなく、本気で怒った。桂や背後にいる山県有朋は、皇室を何だと思っているのかと。

死後に原の皇室尊崇の念を最も認めてくれたのが、山県だったのは皮肉だ。

私はこれまで憲政史において大久保利通や桂太郎を、あるいは前近代では織田信長を描いてきた。彼らには常に「未来への意志」があった。彼らは現実の上に立脚した人々だったが、現状だけに流されることは無かった。あるべき理想像を設定する能力があったからこそ、現実的に対処し、政治に空想を持ち込むことは無かった。だから常に茨の道を歩み、その人生において何度も苦杯を味わい非業の最期を遂げた。だが、なした仕事は大きい。

一方で、原敬は異質である。原敬は、良くも悪くも「大人」の政治家だった。目の前に与えられた現状の中だけで最適解を探すという意味での「大人」の政治家だ。理想を掲げて無用の摩擦を起こすことをしない。無理に戦うよりは力を蓄えて、敵の自滅を待つ。旗印を掲げて周囲を推進するよりは、拒否権を握って強い者の力を削いでいく。そして、いつのまにか自分が最強の権力を手中に収めている。

では、今の日本に「大人」の政治家が必要だろうか。目の前の課題をこなし、既得権益層の利害調整に奔走する。理想は決して持ち込まない。だから問題は根本解決しないが、「政治とは、よりマシを求めるもの」と気取る。

さすがに今の政治家たちと並べると、原に失礼か。

選挙を何度やっても同じ政党が第一党になる。政治家の仕事は、官僚や業界団体との利害調整だと勘違いしている。超大国に追随することだけが日本の生きる道だと信じ込む。

読者諸氏が考える契機となれば、著者として幸いである。

今回も倉山工房の徳岡知和子さんには、大変お世話になった。『原敬日記』ほか多くの史資料を丁寧に読み込み、必要な場所だけを提示してくれた。憲政史の仕事は徳岡さんと組むことが多いが、熟練の仕事に大いに助けられた。

徳間書店の力石幸一さんには、いつもながらお世話になっている。原敬という怪物を描

くのに途方に暮れたが、陰に陽に示唆を与えてくれたので、本書ができあがった。
本を一冊、世に送り出すのは大変な作業であり、著者一人ではできない。ともに作品を作り上げてきた仲間に感謝して、筆をおく。

令和三年　緊急事態宣言下の正月

倉山　満

倉山　満（くらやま　みつる）
1973年、香川県生まれ。憲政史研究者。中央大学文学部史学科を卒業後、同大学院博士前期課程修了。在学中より国士舘大学日本政教研究所などを経て、「倉山塾」塾長、ネット放送局「チャンネルくらら」を主宰。著書に、『保守とネトウヨの近現代史』（扶桑社）、『ウッドロー・ウィルソン 全世界を不幸にした大悪魔』（PHP 研究所）、『若者に伝えたい　英雄たちの世界史』（ワニブックス）、『桂太郎――日本政治史上、最高の総理大臣』（祥伝社）、『「軍国主義」が日本を救う』『右も左も誤解だらけの立憲主義』『日本史上最高の英雄　大久保利通』『世界一わかりやすい日本憲政史 明治自由民権激闘編』（徳間書店）など多数。

史上最強の平民宰相　原敬という怪物の正体

第1刷　2021年1月31日

著　者　倉山　満
発行者　小宮英行
発行所　株式会社徳間書店
〒141-8202　東京都品川区上大崎3－1－1
目黒セントラルスクエア
電　話　編集（03）5403-4344／販売（049）293-5521
振　替　00140-0-44392
印　刷　三晃印刷株式会社
カバー印刷　真生印刷株式会社
製　本　ナショナル製本協同組合

ISBN978-4-19-865228-9